Besuchen Sie uns im Internet:

www.glaubenssachen.de

Br. Roland Mierzwa, Dr. Dr., Jg. 1964, ist Mitglied des Internationalen Versöhnungsbundes und Diakonischer Bruder der ev.-luth. Diakoniegemeinschaft zu Flensburg (Kaiserswerther Verband). Überdies ist er ehrenamtlich in der Bahnhofsmission und freiberuflich wissenschaftlich tätig. Seine Forschungsschwerpunkte sind: Friedensethik (Rüstungsexport und Rüstungskonversion), Vorrangige Option für die Armen, Konturen einer anthropologisch fundierten (Sozial-) Ethik. Zu ihm gehören drei erwachsene Kinder. Er lebt geschieden.

2. erweiterte Auflage 2019

ISBN 978-3-87503-237-6

FSC-zertifiziertes Papier aus verantwortungsvollen Quellen

Cover: Susanne Pertiet, Schleswig,
unter Verwendung des Titelmotivs „Hoffnung", © Susanne Pertiet 2019

Roland Mierzwa

Religionsloses Christentum

22 Thesen

Lutherische Verlagsgesellschaft Kiel

Zum Teil sehr außergewöhnliche Zuwendungen ermöglichten die zügige Drucklegung der 2. überarbeiteten und stark ergänzten Auflage. Namentlich erwähnen darf ich Kirsten Erdogan, Br. Ralph Häcker, Sr. Susanne Henke, Prof. em. Dr. Johannes Hoffmann und Maria Hoffmann, Sr. Heidelore Müller, Altoberin Sr. Gerda Pommerening, Susanne Post und Pastor i.R. Wolfgang Stengel. Aber es ist auch, wie bei jeder Publikation von mir, bedeutsam, dass mein Computerarbeitsplatz durch die ev.-luth. Diakoniegemeinschaft zu Flensburg (vertreten durch Oberin Sr. Hannelore Balg) bereitgestellt und betreut wird (durch Br. Ingo Horst). Der sehr gute Fernleihservice der Stadtbibliothek Flensburg ermöglicht gutes wissenschaftliches Arbeiten. Großen Dank an das Team. Ohne die finanziellen Spielräume, die ich als Kunde der Flensburger Tafel gewinne, wäre es mir nicht möglich, so intensiv wissenschaftlich tätig zu sein. Das gute Lektorat und die exakte verlegerische Betreuung durch Johannes Keussen machen das Projekt erst richtig rund. Dank an Susanne Pertiet für das vorzüglich gestaltete Cover.

INHALT

EINFÜHRUNG

Die Schriften/Bücher der „Religionen" sind zum Teil patriarchalisch zurechtgestutzt. So wurde die Erzählung von Lilith, der ersten Frau Adams, nicht in den Kanon der Bibel aufgenommen. „Religionen" sind gar nicht so selten konservativ-patriarchalisch, während hingegen die „Bücher der Religionen" offener sind. So verweigert der Koran sich einer männlichen Beschreibung Gottes; und im Koran sind die Frauen gar nicht so sehr auf eine bestimmte Rolle festgelegt. Die offiziellen christlichen Kirchen, also jene, die die christliche „Religion" repräsentieren, sprechen nicht schlicht und klar davon, dass das eigentliche Zeugnis der Bibel die „Gewaltfreiheit" ist. Im Namen von „Religion" wird Feindschaft gesät sowie Gewalt ausgeübt – scheinbar durch die „Religion" legitimiert (vgl. Evangelikale in den USA oder die Scharia-Gerichtsbarkeit).

Bei „Religionen" geht es häufig, wenn die Religion ins „ideologische" Kampffeld geführt wird, im Kern um politische Macht. Braucht man „Religion" zur Kontingenzbewältigung, oder reicht eine tiefe und lebendige gläubige Spiritualität? Braucht man noch die eine „religiöse Wahrheit", die von einer Religion besetzt wird, oder reicht es, „heilige" Momente der Liebe und Menschenwürde unter religiösen Vorzeichen zu entdecken? Es geht wohl weniger um den religiösen Kampf um Wahrheiten, sondern um Anerkennung, Wertschätzung und Respekt.

Ich denke, es ist fruchtbringend, das Buch „Mächtige Religion" (Deitelhoff/Ließmann u.a., 2019) zu lesen. Es zeigt, dass wir einschwenken sollten auf „religionslose" Religionen – und damit auf ein Religionsloses Christentum. Was unter den Religionen als „Religion" repräsentiert wird, ist oft stark von politischem Missbrauch, Machtgebaren, Patriarchalismus, Gewalttätigkeit, Feindschaft etc. gekennzeichnet. Mit den Religionen in dem Sinne, wie die „Religionen" sie häufig repräsentieren, ist der Weg, in einer Sackgasse Glauben zu versammeln, zu organisieren und zu katalysieren. Das wird auch an dem Konflikt um Andreas Zumach (vgl. Michael Schmid in: Rundbrief #100/März 2019, 11-13, Lebenshaus

Schwäbische Alb) deutlich, wo sich zeigt, dass versucht wird, eine kritische Begleitung des Weges Israels als antisemitisch zu brandmarken.[1] Aus den „Religionen“ sind Werte wie „Frieden“, „Nächstenliebe“, „Solidarität“, „ökologische Sensibilität“ und „menschliches Miteinander“ in religionslose Religionen zu überführen, weil sie dort klarer gestaltet werden können und von opportunistischen Verwicklungen mit den „Religionen“, ihren „Repräsentanten“ sowie ihrer „Macht“ entlastet werden.[2]

Die 22 Thesen zum Religionslosen Christentum in Anschluss an Dietrich Bonhoeffer sind das Ergebnis von mehr als zehnjähriger Forschungstätigkeit. Dietrich Bonhoeffers Impuls wurde dabei weiter gedacht. In mehr als 15 (z.T. noch unveröffentlichten) Publikationen finden sich hier die zusammengetragenen Gedanken, die zum Teil überarbeitet, ergänzt und vertieft wurden. Religionsloses Christentum ist ein anderes Christentum als das, was in Kirchen gegossen wird. Es ist freier, mehr Salz in der Suppe, handelt sterblich und ist zuweilen subversiv. Nicht wenige Menschen in den Kirchen entbehren manchmal der radikalen Liebe, der tiefen Empathie und einer gelebten „vorrangigen Option für die Armen“ – hier setzt das Religionslose Christentum andere Akzente. Der Religionslose Christ ist Gewissensmensch bis ins Alltagshandeln hinein. Das Religionslose Christentum weiß, dass das Christische nicht vollkommen in Jesus zur Geltung kam und die Offenbarung Gottes über das Offenbarungswissen der Bibel hinausgeht. Feministische Aspekte finden Beachtung und es wird in Anschluss an die Gaia-Hypothese gedacht. Um Über- und Unterordnungsverhältnisse abzubauen, um Macht- und Absolutheitsansprüche zu überwinden, um der Vielfalt von Leben wertschätzend gerecht zu werden und die Grammatik des Göttlichen aus anthropozentrischen Engführungen herauszuführen, ist eine Queer-Theologie notwendig. Religionsloses Christentum ist von tiefer sinnlich-lebendiger Spiritualität gekennzeichnet – verlässt dabei einen zuweilen sklavischen Buchstabenglauben. Mit dem Zeugnis der Gewaltfreiheit findet sich eine Schnittmenge zu gewaltfreien Zeugnissen anderer Religionen. Von „guter“ Arbeit hat das Religionslose Christentum eine Vision, die nur fragmentarisch Realität geworden ist.

Br. Roland Mierzwa

RELIGIONSLOSES CHRISTENTUM

22 THESEN

- Von Jesus Christus wird pointiert gesagt, er habe das Reich Gottes verkündet; herausgekommen sei die Kirche.
- Bei Franz von Assisi kann man ähnlich formulieren: Er stellte sich eine Art „hippokratischen Eid" auf die Armutsfrömmigkeit vor; schließlich kam es aber zur Regel für einen Orden.
- In Bezug auf J. H. Wichern findet sich gleichfalls eine pointierte Gegenüberstellung. Es wird gesagt, er wollte den christlichen Organismus; doch letztlich kam ein großer Sozialverband zustande, die Diakonie.
- Ebenso kann man bei D. Bonhoeffer zuspitzen: Er war auf der Suche nach einem „Religionslosen Christentum"; aber es bildeten sich soziale Bewegungen heraus, die zu Parteien und Nichtregierungsorganisationen wurden.

Versuche, diese Ursprungsimpulse wieder ins Bewusstsein zu heben, kreisen um Vorstellungen und Diskussionen über ein Christentum als „intermediäre Struktur" bzw. als „intermediäre Institution" (vgl. Wolfgang Huber). Gemeinsamer Blickwinkel dieser vier Impulse ist gewissermaßen ein Blickwinkel, der sich gegen starre Institutionen richtet, keine vermachteten Strukturen wünscht und sich von der Ausbildung von Großorganisationen abwendet. Ebenfalls werden durch diese vier Grundimpulse Milieu-Schranken, ein Binnengruppen-Blickwinkel, Hegemonialansprüche von Kulturräumen sowie Gruppenegoismen zurückgewiesen. Einzig anschlussfähig für diese vier Grundimpulse ist die Vorstellung eines Christentums, das Teil einer „Netzwerk-" wie auch einer „offenen Gesellschaft" (vgl. G. Soros) ist. Dafür müsste sich das Christentum zu einem „offenen Überzeugungssystem" wandeln, was zunächst schlicht bedeutet, dass es sich als „erkenntnisoffen" und „korrekturbereit" darstellt. In einer „offenen Gesellschaft" gibt es keine Frage-Verbote und keine Frage-Missachtung. In einer „offenen Gesellschaft" verbietet sich jede Form manipulativen Verhaltens.

Die Organisationen verstehen sich als „lernende Organisationen". Und es werden „tausend Alternativen" gesehen. Die Menschen einer „offenen Gesellschaft" sind bereit für Du-Du-Beziehungen, gehen von Herzen aufeinander zu, lassen sich vom Anderen beschenken und sind dankbar für den Anderen (vgl. 22. Rundbrief/Mai 2017 der Diakoniegemeinschaft, 3-5: R. Mierzwa: Theologisches – nach vorne gedacht).

1. These: Religionslosen Christen geht es nicht um den Selbsterhalt der Kirche, sondern um ein Dasein für andere.

Die Formel des „Religionslosen Christentums" geht auf Dietrich Bonhoeffer zurück. Dabei geht es weniger darum, mit einer bestimmten Methode aus sich einen religiösen Menschen zu machen. Und es ist auch nicht die vordringliche Aufgabe der Christen, um den Selbsterhalt der Kirche zu kämpfen. Es geht vielmehr um das Dasein für andere (vgl. Mierzwa, 2018c, 138f.). Wie kann man sich das vorstellen? Bonhoeffer machte im Hinblick auf die Pastoren und Pastorinnen den Vorschlag, dass nicht exklusiv im Dienst der Kirche gearbeitet werden solle, sondern dass diese ganz gewöhnlichen Berufen nachgehen und im Ehrenamt die Aufgaben des Pastors bzw. der Pastorin erfüllen sollten. Ein Beispiel dafür sind die „Kleinen Schwestern Jesu", die in der Küche eines Hotels arbeiten oder in der Müllsammelanlage des „Grünen Punktes" und da Stress und Müdigkeit teilen, aber auch an diesen Orten für Gottes Wort eintreten, Seelsorge betreiben und Freundschaften knüpfen. Siehe aber auch das Leben der französischen Jüdin Simone Weil, gewissermaßen einer „religionslosen Jüdin / religionslosen Christin" (vgl. Schrupp, 2009).

Im Horizont der Bonhoefferschen Denkfigur vom „Religionslosen Christentum" (vgl. Dramm, 2002; Hofstetter, 2006), die im „Für-andere-Dasein" bzw. im „Dasein-für-andere" sich konkretisiert, zeigen Ausführungen zur Implementierung von Solidarität (vgl. Mierzwa, 2017, 75-118), dass die Kirche eine Kirche sein kann, die für andere da ist. Auch Christen, die z.T. nicht eng an die Kirche gebunden sind und sich z.B. bei Attac, dem Weltsozialforum, ÄRZTE OHNE GRENZEN oder den Gewerkschaften engagieren, sind Repräsentanten eines Religionslosen Christentums. Manche vertreten die Auffassung: Man muss nicht Mitglied der Kirche sein, um Christ zu sein (vgl. hier auch Antje Schrupp zu Simone Weil, 2009, sowie Sr. Bärbel Westphal in: Mierzwa, 2017b, 69). Entscheidend ist für sie, dass etwas getan, dass Solidarität gestiftet wird. Es werden keine doktrinären Glaubenssätze und Glaubensformeln ritualisiert bekannt.[3] Ihnen ist wichtig, dass sie durch ihr solidarisches Zeugnis transparent auf Gott hin sind. „Was ihr getan habt einem unter diesen meinen geringsten Brüdern, das habt ihr mir getan" (Mt 25,40) – diese Bibelstelle wird innerhalb des Religionslosen Christentums verstärkt. Aber (doktrinäre) dogmatische Glaubenssätze zu transportieren ist ihnen fremd. Implizit – im jeweiligen solidarischen Engagement – wird die Sinnspitze des Christentums, das Liebesgebot, realisiert. Mit ihrem solidarischen Engagement ist immer zugleich mitgemeint, ohne es ausdrücklich zu formulieren, dass sie als Christen handeln. Religionslose Christen sehen Gott in allen Dingen – auch in den wertschätzenden, gewaltfreien und achtsamen Bündnissen der Menschen für eine solidarischere Welt, selbst wenn dabei nicht ausdrücklich auf Gott hin kommuniziert, aber implizit das mit der Gottesrealität Gemeinte ausgesprochen wird. Es wird gebetet mit den Füßen (beim Gehen) und den Händen (beim Arbeiten). Anthropologische Grundvollzüge sind für sie von Gottes Geist durchdrungen, weil sie mit Hoffnung dabei sind. Religionsloses Christentum ist durch eine intrinsische Motivation zu charakterisieren – es ist ihm weitestgehend fremd, dass äußere Anreize geschaffen werden müssen, damit es zu solidarischem Handeln kommt. Religionslose Christen lassen sich wohl ein gutes Wort gefallen, aber dass es jemanden mit „Richtlinienkompetenz" geben muss, der orientiert, ist ihnen fremd.

Religionsloses Christentum sieht jenseits von Kirche Zivilgesellschaft, Kontrastgesellschaften (vgl. Hütter, 1993, 162-181; Mierzwa, 2017, 235f., Anm. 70), Basisgemeinden/-gemeinschaften (vgl. L. Boff, 1980; Gundert, 2013; Buchgruppe Offene Arbeit, 2014) und die Vineyard-Bewegung (vgl. Imhof, 2017) als für die Lebensgestaltung förderlich an, ohne dabei eherne institutionalisierte „Erhaltungsordnungen" definieren zu wollen. Mittels Zivilgesellschaft, Kontrastgesellschaften, Basisgemeinschaften und der Vineyard-Bewegung arbeitet Religionsloses Christentum an einer partiellen „Dekonstruktion" der Gesellschaft, damit mehr Gerechtigkeit in der Gesellschaft herrscht, größerer Frieden besteht und mehr Entfaltungsräume für ein „gutes Leben" erschlossen werden. Damit soll nicht destabilisiert, jedoch mit Blick auf das Gedeihen einer solidarischeren und gerechteren Gesellschaft mit Liebe interveniert werden.

2. These: **Für Religionslose Christen ist Jesus Christus nicht einmalig, sondern ein Prototyp für das Christische.**

In dieser These verlasse ich etwas die christologische Mitte Bonhoeffers, wonach Jesus nicht ein Mensch, sondern der Mensch sei (vgl. „Ethik“, DBW 6, 71). Ich glaube, in Bezug auf Jesus Christus ist es mehr im Sinne eines Konzeptes von Religionslosem Christentum, folgenden Gedanken von Leonardo Boff zu verfolgen. Dieser stellte fest: „Der historische Jesus, so können wir im Anschluss an Teilhard de Chardin sagen, schöpft nicht alle Möglichkeiten aus, die im 'Christischen' enthalten sind. Es ist damit zu rechnen, dass dieses Christische auch in anderer Gestalt erscheint“ (2012, 83). Jesus ist also weniger exklusiv theologisch zu denken, als es z.B. Eilert Herms macht, wenn er feststellt, dass „erst und nur durch die Christusoffenbarung der innere Eigensinn des Welt schaffenden und erhaltenden ... Wirkens der Ursprungmacht, also das Innerste Gottes selbst, erschlossen ist ...“ (ders., 2018, 240). Man muss sich daher fragen: Sind alle nach Jesus Christus kommende Menschen nur noch in Anschluss an Luther als (wenigstens partiell) „in sich verkrümmte Menschen“ vorstellbar (vgl. Gütter, 2018, 274; vgl. auch Karl Barth)? [4]

In eigenen Ausführungen zu Jesus Christus (vgl. Mierzwa, 2018c, 168ff.) vertiefe ich den Gedankengang von L. Boff und hoffe auf weitere Menschen, die ganz so und vielleicht über Jesus hinausgehend transparent auf Gott sein dürften und die göttliche Matrix realisieren. Es gibt höchstwahrscheinlich neben Jesus weitere Menschen in der Geschichte, die transparent auf das Göttliche sich im Sinne des Göttlichen in die Welt einmischen, inkarnieren, dabei Verborgenes sehen, mit anderen Maßstäben an die Realität herangehen, auf mutige und kreative Weise „alles“ schöpferisch verändern, Möglichkeiten jenseits von Erstarrtem entdecken und Entscheidendes für die Verwirklichung von Gottes Reich beitragen (Dorothee Sölle weitergedacht nach Tremel, 2004, 102-107).

Es kann sein, dass mit weiteren auf Gott hin transparenten Menschen der Pfad aufgetan wird, den kosmischen Christus ganz zu gebären. In

Jesus Christus war, so Matthew Fox, der kosmische Christus nicht annährend auf dieser Erde präsent. Diese weiteren auf Gott hin transparenten Menschen zeichnen sich – damit sie dazu beitragen, den kosmischen Christus zu gebären – darin aus, dass sie in ihrer Mystik die „Natur Gottes" ganz verstehen und liebevolle, gerechte sowie zärtliche Träger des Zusammenhalts von allem Leben auf der Erde und im Kosmos sind (vgl. Fox, 1991, 202-208).

Jeder neu geborene Mensch bedeutet eine Hoffnung auf eine weitere Offenbarung, auf eine noch nicht vorstellbare neue Gerechtigkeit, auf noch nicht vorstellbare neue, kreative, schöpferische Impulse im Leben. Jesus ist allenfalls der Anfang der christlichen Tradition. Er ist der „Erstgeborene" der „neuen" Art zu leben, nicht verstanden in zeitlicher Abfolge, sondern in dem Sinn, dass das Christische in ihm „zuerst" entdeckt und erlebt wurde (angeregt durch die Ausführungen von Enzner-Probst, 2013, 33ff.; s.a. Schrupp zu Simone Weil 2009, 8). Kosmischer Christus, d.h. die mit weiteren Menschen und Lebewesen bestehenden Möglichkeiten, zum ganzen Christus zu denken. Erst im Gesamt weiterer Menschen, die das Christische zum Leben bringen, ist der Messias möglich; er ist ein Kollektivsubjekt, das die neue gesellschaftliche Ordnung begründet.

Der Gott des Christentums will kein menschliches Leid. Doch wird Leiden im Christentum nicht ausgeblendet, um die Solidarität Gottes mit den Leidenden deutlich zu machen. Aber der Kreuzestod wäre falsch interpretiert, Leiden heilsnotwendig zu verehren. Und ungerechtes Leiden gereicht nicht automatisch zu himmlischem Verdienst. Jesus konnte sich die Himmelfahrt nicht herbeischaffen, weil er das Opfer des Leidens gebracht hat – sie war Gnade. Jesu Leiden war Ausdruck tiefster Solidarität und tiefsten Mitgefühls mit der Lebenslage der Menschen. Er wich den Menschen, die damals zerrieben und geknechtet wurden, mit-leidend nicht von der Seite. Seine Auferstehung ist Gnade und nicht denknotwendige Konsequenz aus der Feststellung, dass mit ihm der mit-leidende Gott unter uns war. Jesus Christus ist hier nicht einmalig, sondern ein Prototyp.

Ob er vollkommen mit-leidender Mensch war, ist nicht ausgemacht.
Ob er vollkommen vertraut mit dem Leid der Menschen war, auch nicht.
Ob er vollkommen geduldig im Leid war, ist nicht ausgemacht.
Ob er vollkommen aufopferungsvoll litt, ebenfalls nicht.

Letzteres zu behaupten kann zur Marginalisierung, Unterdrückung und Tabuisierung anderen Leids – z.B. von Frauen und Kindern – beitragen.

Christlich wäre es daher, nicht nur Jesus nachzufolgen, sondern zugleich jenen Menschen, die auch aufopfernd-liebend litten.[5] Man muss sie nur wahrnehmen und wertschätzen. Das kann man aber bloß, wenn man Jesus als Prototyp erkennt. Man darf nicht – das wäre aus christlicher Perspektive auf das Leid missverstanden – gehorsames Leiden in ungerechten Situationen verlangen, ja sogar erzwingen. Man darf das Leiden nicht „verherrlichen“ – wie bei Heiligendenlegenden – als Voraussetzung für den Weg in den Himmel. Mit behutsamen Sätzen sollte man leidende Selbstaufopferung als notwendige Ausdrucksform christlichen Lebens predigen. Aber es ist christlich, darauf hinzuweisen, dass Christen das Leid nicht scheuen, um der göttlichen Grammatik gerecht zu werden, die Liebe, Gerechtigkeit, Frieden und Solidarität mit den Mit-Menschen verlangt (Morgenandacht am 5.4.2019 in der DIAKO-Kirche zu Flensburg).

3. These: Religionslose Christen haben ein anderes Verständnis von „Trinität“.

Der Gedanke der Trinität ist neu zu vermessen (vgl. Gebara, 1998). So kann man von einer „Trinität im Kosmos“ sprechen, die sich ergibt aus der tiefsten Abhängigkeit und Verbundenheit von Sternen, Galaxien, Flüssen, Winden usw. Daraus entsteht die Kreativität des Universums. „Sterne, Galaxien, Himmelskörper ... Atmosphäre, die Meere ... sind Vielfalt und Einheit zugleich; sie leben in ein und derselben einzigartigen Bewegung fortdauernder Kreativität und sind durch sie untereinander verbunden“ (vgl. S. 130). Dann kann man von der „trinitarischen Erde“ sprechen, wo Pflanzen, Tiere, Berge und auch Flüsse unterschiedlichste Verbindungen eingehen, sich anziehen, miteinander verbinden, sich gegenseitig zerstören und neu schaffen.

Schließlich ist auf die Trinität in den Beziehungen unter den Völkern und Kulturen zu verweisen. Die „Üppigkeit der Vielfalt“ in „Interdependenz“ und „Gemeinschaft“ ist notwendig, „wenn menschliches Leben weiterbestehen soll“ (vgl. S. 132). Die „Trinität in den menschlichen Beziehungen“ verweist auf die große Bedeutung zwischenmenschlicher Anziehungskräfte, den Wert liebevollen Teilens, die Bedeutung von Zeit, Geduld und miteinander Reden für das Kennenlernen. „Unsere persönliche Realität (ist) absolut abhängig von anderen und von der Gesamtheit der Erde sowie des Kosmos ... Deshalb kann ich behaupten, daß unsere eigene persönliche Struktur trinitarisch ist: Sie ist auf geheimnisvolle Weise zugleich vielfältig und eins“ (vgl. S. 133). Das „bedeutet ... daß wir ein größeres Einssein mit den Lebensprozessen erfahren, die jenseits unserer eigenen Grenzen sind ... wenn wir unsere Stimmen zum Lob der Trinität erheben, in der symbolischen Sprache, die uns lieb und teuer ist“ (vgl. S. 133).

4. These: Religionsloses Christentum und Religionsloser Islam/ Buddhismus/Hinduismus sind „anthropologisch".

Religionsloses Christentum (Bonhoeffer, Franz von Assisi), Religionsloser Islam (z.B. die muslimischen Minangkabau in Westsumatra), Religionsloser Buddhismus (z.B. Thich Nhat Hanh) bzw. Religionsloser Hinduismus (M. Gandhi) ist wenig bis gar nicht systemtheoretisch im Sinne der Systemtheorie Luhmanns greifbar bzw. lässt sich nur schwerlich im Teilsystem Religion mit seinen Funktionselementen unterbringen, weil es/er zutiefst „anthropologisch" ist. Religionsloses Christentum, Religionsloser Islam usw. sind auch nicht kulturell festgelegt und daher auch nicht im Teilsystem „Kultur" verortbar. Der spirituelle Faktor prägt so sehr den Religionslosen Islam oder das Religionslose Christentum, dass hier eine größere Flüssigkeit und größere Atmungsaktivität als bei einer Kultur und religiösen Struktur besteht. Religionsloses Christentum, Religionsloser Islam, Religionsloser Buddhismus usw. sind sich im Sinne der besten Lesart von „postmodern" ihrer je eigenen Grenze bewusst und dadurch bereit, in ein konstruktives Verhältnis zu den anderen Religionen und auch Weltanschauungen zu treten.

Eine Voraussetzung dafür, dass sich Religionsloses Christentum, Religionsloser Buddhismus oder Konfuzianismus herausbilden kann, ist, dass die Menschen die Freiheit haben, entlang ihrer persönlichen religionspsychologischen Struktur die Religiosität für sich zu entdecken, die zu ihnen als Individuum, als Subjekt, als Mensch gehört und passt. Religionsloses Christentum bzw. Religionsloser Hinduismus sind nur möglich, wenn die Menschen mit der jeweiligen Religion ganz der Mensch sein dürfen, als der sie beseelt sind – mit einer zuweilen originellen Identität. Sie müssen mit der jeweiligen Religion mehr zu sich, zum Nächsten, zur Schöpfung und zum Kosmos finden können. Authentizität ist nur denkbar im Kontext eines gelebten Religionslosen Christentums oder Religionslosen Islams. Jeder Mensch ist mit seiner jeweils spezifischen seelischen und geistigen Verfasstheit auf der Suche nach Gott bzw. fragt nach Gott und begegnet ihm resp. dem Transzendenten in individueller Weise in einer der existierenden Religionen. In den Religionen mit ihrer Geschichte und Kultur finden die Menschen jeweils etwas, das für ihr spezifisches Suchen und Fragen einen gangbaren Weg zum Leben mit Gott resp. dem Transzendenten darstellt.

Religionslose Christen, Muslime und Hinduisten wissen nicht immer sofort, was wahr oder falsch, wer „gläubig" oder „ungläubig" ist, wo ein klares Ja zum Guten oder ein klares Nein zum Bösen gesprochen werden kann. Sie leben aus einer Ambiguitätstoleranz heraus. Sie haben auch keine möglichst umfassende Welterklärung und -deutung parat. Sie wissen nicht genau, was die Welt zusammenhält. Sie leben mit Geheimnissen und glauben an Gottes verborgene Seite. Religionslose Christen, Juden und Muslime wollen nicht immer total entlarven, zurechtrücken und radikale Ideologiekritik üben, sodass sich bei ihnen nicht etwas Unduldsames und Gewaltsames, etwas Dogmatisches einschleichen kann (vgl. hierzu die Ausführungen von Häring, 2002, 31).

Religionsloses Christentum kennt die prophetische Gabe, ohne dabei in eine drückend-gewaltsame Überredungskultur abzugleiten. Damit Religionsloses Christentum, Religionsloser Islam, Religionsloser Hinduismus etc. wirklich zur Bändigung der Gewalt, zur Entkrampfung egozentrischer Haltung, zur Befreiung vom bösen Geist beitragen kann, ist eine spirituell-liberale Grundhaltung bedeutsam, in der man sich von Gottes „Geist" leiten lässt und eine besonnen-sanftmütige Praxis der ethisch orientierten Aktion kultiviert. Religionsloses Christentum, Religionsloser Buddhismus oder auch Islam sind nicht an einer Institutionalisierung, an keiner straffen Organisation interessiert und auch auf keine Konzentration, auf keine innere Geschlossenheit bedacht (vgl. Häring, 2002, 41f.).

5. These: Religionsloses Christentum betont die Liebe.

Liebe kann man nicht anordnen und befehlen. Lieben ist keine Routine. Lieben ist kein triviales Tun. In Liebe handeln heißt auch, keine halben Sachen zu machen und sich von Sorge, Not und Kummer des Nächsten im eigenen Leben stören zu lassen. Beim Lieben ist man ganz mit dem Herzen dabei. Liebe nimmt Gefühl, Willen und Verstand in Anspruch – sie ergreift einen Menschen, auch leiblich. In Liebe macht man Dinge gerne. Beim Lieben besteht eine beständige Aufnahmebereitschaft und Wachsamkeit. Beim Lieben nimmt man den Anderen ganz ernst. Liebe gibt den Anderen frei. Nur wenn dem Anderen die Freiheit geschenkt wird, dann liebt man ihn wirklich. Nur wenn man dem/der Anderen sagen kann: „Geh für dich“, zeigt man in seiner Liebe, dass man ihn/sie freigeben kann (vgl Oosterhuis, 2016/2018, 50f.). Wenn man eine Praxis übt, die den Anderen in der Freiheit seiner Entscheidungen würdigt, dann liebt man ihn. Beim Lieben hat man ein Gespür für die Lebensäußerungen des Nächsten. Lieben führt zu mutigen Taten.

Lieben bedeutet, Menschen sagen zu können, was es für ein Glück ist, mit ihnen zusammenleben und das Leben teilen zu dürfen. Lieben bedeutet auch, einem Menschen mitteilen zu können, welch tiefes Vertrauen man in ihn hat (vgl. Schneider/Schneider, 2013). Liebe bedeutet, einen Anderen zu sehen, zu hören, zu verstehen und zu berühren. Liebe ist, die geheime Schönheit des Herzens zu sehen. Bei der Liebe kann man sich ehrlich über Vorstellungen und Absichten austauschen, sich sagen, was für Bedürfnisse mit einer Freundschaft verbunden sind und auf welcher Basis eine Beziehung gemeinsam gestaltet werden kann. Einem Menschen zuzuhören und sich zu freuen, dass er dadurch durchatmen kann – das ist Liebe. Auch alles andere, was man tut, damit es einem anderen Menschen wirklich gut geht, ist Liebe. Zum Beispiel Dinge, die man Fremden tut, um ihr Leben zu erhalten (vgl. Oosterhuis, 2016/2018, 57). So ist es auch Liebe, Dinge für den Anderen zu tun, die banal sind, nicht zur Heldentat gereichen und manchmal nur den

Charakter haben, dass man Dreck wegräumt (vgl. Mayer, 2015, 105f.). Wertschätzung einem Menschen entgegenzubringen, indem man ein von ihm gemaltes Bild aufmerksam begutachtet oder eine Einladung zum selbst gekochten Mittagessen annimmt – das ist ebenfalls Liebe. Wenn Liebe zwischen Menschen ist, drückt sich das im Bedürfnis nach Nähe, nach (Augen-)Kontakt, aber auch Intimität aus. Hierbei geht man eine einfühlende Verbindung ein.

„Wirkliche Liebe akzeptiert den anderen Menschen, so wie er ist, und erfährt ihn als vollkommen, so wie er ist" (Jäger, 2010, 14). Liebe gibt es ohne Konditionen, d.h. man sagt nicht: „Ich liebe dich, wenn ..." oder „solange" oder „falls". Liebe hat die Dimension absichtslosen Handelns. Wenn wir lieben, hören wir auf, perfekte Eltern, eine*n perfekte*n Partner*in, Lehrer*in, Freund*in usw. zu wollen. Aus der Liebe heraus achten wir Vielfalt und Verschiedenheit.

Liebe hat etwas Unergründliches, ist nach Kierkegaard ein tief verborgener Lebensimpuls. Liebende Menschen sind gebende, verschwenderische und großzügige Menschen. Liebende Menschen sind verlässlich; sie stehen treu zur Seite, wenn es im Leben darauf ankommt; sie dienen dem Nächsten, wenn es angebracht ist; sie stehen gemeinsam Herausforderungen durch, wenn sie abgefordert werden. Liebende Menschen sind nicht feige. In der Liebe überwindet man die Angst und lässt sich mit „Aussätzigen" der Gesellschaft ein – man lässt sich auf Beziehung ein, wendet sich ihnen zu und hat den Mut zur Berührung. Man ist frei dafür. Liebe – d.h. keine Halbhingabe (vgl. Mayer, 2015, 104), sondern vollen Einsatz für den Nächsten. Lieben, d.h. um die Zukunft der geschundenen Existenz zu kämpfen, hingebungsvoll (vgl. dies., 63).

Liebe macht erfinderisch, um an Strukturen mitzuarbeiten, die das Leben nicht zerstören, sondern erhalten und pflegen. Mit Liebe zu handeln bedeutet auch, die Geduld zu haben und durchzuhalten, bis es soweit ist, dass aus der Initiative etwas Gutes wächst (vgl. Mayer, 2006, 139). Liebe macht überdies fähig zu konstruktivem Konfliktmanagement – es entstehen hierbei Chancen und eröffnen sich Hoffnungen.

Lieben heißt ebenfalls, politisch zu leben – z.B. dass man sich an runden Tischen für Migranten engagiert. Dabei darf man die Politiker nicht verachten, auch sie brauchen Liebe (vgl. Mayer, 2013, 120f.127).

Beim Lieben ist man empathisch, wie dem Nächsten mit den gesprochenen Worten, mit der Geste, mit der Art und Weise der gelebten Nähe zumute ist, und man geht empfindsam, manchmal zärtlich darauf ein.

Wer liebt, kann Schmerz und Enttäuschung hinnehmen. Der Liebende vermag durch Leid und Zweifel hindurchzugehen. Er hat den Mut, im eigenen Urteil über einen Menschen zu dem Menschen zu stehen, auch wenn die öffentliche Meinung sich gegen diesen Menschen stellt. Liebe überquert Kulturen und lässt Ähnlichkeiten anderer Kulturen entdecken.

„Echte Liebe kann auch bestehen, wenn man verschiedener Ansicht ist, wenn Überzeugungen aufeinanderprallen, in einer Gruppe, einem Staat, einer Religion" (Jäger, 2010, 117). In der Liebe stehend ist man nicht eng in seinen Ansichten, nicht nachtragend und zur Versöhnung bereit.

Mit dem Lieben entwickelt sich ein Mensch, kommt es zum Wachstum der eigenen Potenziale. Liebe bringt die Menschen innerlich wieder in Ordnung. So gerät ein Mensch in der Liebe weniger in die Versuchung, „Dienst nach Vorschrift" zu machen. Und aus der erfahrenen Liebe verändern Menschen ihre Einstellung auf einen friedlichen Umgang miteinander. Liebe lässt Menschen überleben.

So zu lieben ist nur möglich, wenn man sich Gottes Liebe gefallen lässt, wenn man Gott ganz und gar vertraut, dass er einem die Hand hält. Gott ist nach Kierkegaard die notwendige dritte Größe in jedem Liebesverhältnis. Liebe ist ein Ereignis in diesem vorfindlichen relationalen Raum, sodass es zu wenig wäre, nur von einem menschlichen Gefühl oder einer menschlichen Tat zu sprechen.

6. These: Religionsloses Christentum ist empathisch.

Auch wenn es eine „dunkle Seite der Empathie" gibt (vgl. Lang, 2018), kann man sagen: Mit dem Religionslosen Christentum ist ein „empathische Ethik" verknüpft. Diese bricht zart und vorsichtig, aber von der Positionierung her sehr klar an.

Wolfgang Huber spricht schon vor zehn Jahren vor dem Hintergrund der Situation in Nord- und Süd-Korea und aufgrund der Erfahrungen aus dem Jahr 1989 in Deutschland davon, dass eine intelligente Feindesliebe auf Empathie beruht. „Intelligente Feindesliebe ist weniger in der Verurteilung des andern erfinderisch als in dem Versuch, ihn besser zu verstehen. Sie versucht, den Konflikt mit den Augen des andern zu sehen; sie bemüht sich um Empathie. Sie fragt, was am eigenen Verhalten beim anderen Furcht und Hass erregt und ihn zu aggressivem Verhalten herausfordern könnte ..." (2009).

So spricht sich Heinrich Bedford-Strohm für eine „Ethik der Einfühlung" aus. Es gilt, Mitgefühl für das Leid der Flüchtenden zu haben, die vor Terror und Gewalt fliehen. Es gilt, deren Leid zum eigenen Leid werden zu lassen. Das ist auch ein Beitrag zur Würde der Menschen. Aber die Empathie müsste auch denen gelten, „die sich als Verlierer gesellschaftlicher Verteilungsprozesse fühlen oder Angst haben, zu Verlierern zu werden". Zu dieser Position fand er u.a. deswegen, weil er sich unter das Volk mischte und die unmittelbare Konfrontation mit Leid und Angst suchte. Die „Ethik der Einfühlung" ist in seinen Augen ein Charakteristikum jüdisch-christlicher Ethik. Mit dieser „Ethik der Einfühlung" gilt es, den politischen Prozess zu irritieren (2015/2016).[6]

Auch Cornelia Coenen-Marx macht darauf aufmerksam, dass Empathie das Einfallstor für ethisches Denken und ethische Handlungsentwürfe sein müsste. Aus Empathie speist sich barmherziges Handeln. Dann justiert sie die ethischen Verhältnisse: „Gerechtigkeit ohne Barmherzigkeit wird zum abstrakten Kampf um Verteilung und führt zum Lobbystreit um Zahlen. Barmherzigkeit ohne Gerechtigkeit allerdings bleibt auf halbem Weg stehen“ (2017). Die Welt der Empathie ist das Ehrenamt. Ehrenamtliche wagen viel größere emotionale Nähe und ganzheitliche Zuwendung, was wiederum der Boden für mehr Empathie ist. Aus den über Empathie gewonnenen Einsichten für die Situation in der Gesellschaft weist das Ehrenamt u.a. darauf hin, dass der Staat dichtere Sorgenetze und eine stärkere Sorgestruktur braucht und hier nicht weiter zurückweichen darf. Das Ehrenamt ist zwar überwiegend „still“ handelnd. Aber es ist nicht stumm – es kann aus empathischer Betroffenheit fordernd gegenüber der Politik werden (2016).

Es gibt die ersten theologischen Entwürfe, die Empathie für ethische Fragestellungen fruchtbar machen. So verdeutlichte ich in einer Studie, wie Empathie in der Begriffstektonik von Compassion (Mit-Gefühl, Mit-Leid und Barmherzigkeit) relevant ist (vgl. Mierzwa, 2014, 62-89, 202-211, 496-503). Eine empathische Neuakzentuierung gegenüber stark vernunftorientierten Ansätzen der Wirtschaftsethik versucht Claudia Fülling (2012/2013). Empathie soll anhand ihrer Untersuchung als Schlüsselvariable für vernünftiges wirtschaftsethisches Handeln entdeckt werden.

Es liegt in der Tradition der Überlegungen von André Gorz – den ich als anonymen Religionslosen Christen betrachte (vgl. Neumann, 2013, 100-102) – zum bedingungslosen Grundeinkommen = BGE (vgl. ders., 2000, 115-135), wenn jetzt durch ein praktisches Experiment der Zivilgesellschaft (vgl. Bohmeyer/Cornelsen, 2019, 259f.) entdeckt wird, dass sich mit der Ermöglichung des BGE die Empathie in der Gesellschaft entfalten kann. Das BGE kann Baustein einer empathischen Zivilisation sein (vgl. Rifkin, 2012).

7. These:[7] Religionsloses Christentum unterstützt die „Vorrangige Option für die Armen".

Um die Demokratie zu retten, d.h. um die Zahl der Nichtwähler zu reduzieren, wird u.a. nach Gerechtigkeit gerufen. Aber häufig greifen Lösungen – wie der Mindestlohn –, die dann erfolgen, nicht richtig, um die Probleme wirklich aufzuarbeiten (vgl. Pusch, 3/2018, 4f.). Die echte Alternative ist eine Politik entlang der „Vorrangigen Option für die Armen".

Paradigmatisches Vorzeichen aller Anstrengungen zur Armutsbekämpfung muss der Wille zur „Ausrottung" (vgl. Mierzwa, 2016, 147) von Armut sein und nicht nur die bescheidene Vision der Armutsbekämpfung, ohne dabei in eine fatale Opfer-Rede hinsichtlich der Armen abzugleiten, die auch dazu führen kann, bei den Armen selbst Handlungsmöglichkeiten auszublenden (vgl. Leidinger, 2018, 158).

Die „Vorrangige Option für die Armen" beinhaltet zwar Gerechtigkeitsforderungen, aber sie geht über reine Gerechtigkeitsüberlegungen hinaus. Sie ergänzt Ansprüche der Gerechtigkeit um ein Handeln aus der Liebe heraus. Dort, wo eine Gerechtigkeitsforderung in kaltes, rechenhaftes Handeln abzugleiten droht, wird ausgehend von der „Vorrangigen Option für die Armen" mit Liebe auf die Schwachen geblickt und nach Lösungen geschaut, die wirklich nachhaltig helfen, ohne die Schwachen in ihrer Würde und Integrität zu verletzten, und sie mit Respekt behandeln.

Dann umfasst die „Vorrangige Option für die Armen" auch eine sorgende und sich-sorgende Haltung. Bekümmert um das Los der Armen und Benachteiligten werden Gerechtigkeitsvorstellungen daraufhin befragt, ob z.B. wirklich eine „Bildung vom Rand her" (vgl. Mierzwa, 2016b) geschieht, ob wirklich „Inklusionsangebote mit Herz" gemacht werden, ob das Beheben der Obdachlosigkeit mit wirklicher Integration der Obdachlosen ins gesellschaftliche Leben einhergeht und ob eine „herablassende" Haltung gegenüber der „Unterschicht" zurückgelassen wird.

Unter der „Vorrangigen Option für die Armen“ zeigen sich gerechte Lösungen als nachhaltige Lösungen. D.h. sie sind kein Stückwerk. Z.B. ist bei Einführung des bedingungslosen Grundeinkommens eine Lösung zugunsten von Bildung dahingehend sicherzustellen, dass das bedingungslose Grundeinkommen der Kinder/Jugendlichen/jungen Erwachsenen zur Hälfte als Bildungskonto eingerichtet wird, damit tatsächlich Bildung sichergestellt wird. Und das Rentenentgelt von z.Zt. 58,42 Euro (West) oder 54,04 Euro (Ost) an monatlicher Rente pro Kind ist wesentlich stärker anzuheben, um den 18 Berufen gerecht zu werden, die in der Haus- und Familienarbeit enthalten sind, um Altersarmut vorzubeugen.

Dabei ist der Empowermentaspekt ernst zu nehmen. 7 x 7 und 77 x 77 ist den Armen, Ausgegrenzten und Benachteiligten aufzuhelfen, beizustehen und beim Brückenbau zur Seite zu stehen, v.a. wenn man die Erblichkeit von sozialer Benachteiligung und Armut betrachtet.

Der erschöpfende Lebensalltag der Armen reduziert deren Partizipationsspielraum an der demokratischen Gesellschaft. Die hier herrschende Resignation und Apathie stehen gegen die Kultur der Partizipation (vgl. Butterwegge, 2014, 41). Die Zivilgesellschaft (Feuerwehren, Sportvereine, Kirchengemeinden, Gemeinschaften, Kontrastgesellschaften) bietet die notwendigen Spielräume für einen Ausstieg aus den Schicksalsstrukturen der Armut und prekären Lebensverhältnisse. Einzelne können das nur leisten, wenn sie starke Ressourcen haben – mental und finanziell.

Das Einnehmen der Position der „Vorrangigen Option für die Armen“ entscheidet sich daran, wie weit man zum Standortwechsel bereit ist – weg von den Orten und Mechanismen der Reichtumsakkumulation – und zum Ausstieg aus dem System des Neoliberalismus. Mit Blick auf Lk 16,19ff. machte Rektor Wolfgang Boten in der Sonntagspredigt vom 23.6.2019 deutlich, dass die Fähigkeit zur „Vorrangigen Option für die Armen“ sich auch darin entscheidet, wie sehr man sich in der Komfortzone einrichtet. (Mit einem Hauch Gleichgültigkeit vielleicht? Mit einem Hauch Bequemlichkeit vielleicht? Mit einem Hauch Beschäftigt-Sein durch ein Luxusleben vielleicht?)

8. These:[8] Der Religionslose Christ / die Religionslose Christin ist „Gewissenstäter*in".

Religionslose Christen sind Gewissentäter mit Haut und Haaren, mit ganzem Herzen und ganzer Seele.

Gewissen zu haben kann sich in starken Zeugnissen ausdrücken, aber auch in sanften Schritten daherkommen. Ein starkes Zeugnis legen diejenigen ab, die Steuerverweigerung aus friedensethisch-pazifistischer Haltung heraus betreiben. Wöchentlich beim Einkauf aus Sorge um die Umwelt und in Solidarität mit den Entwicklungsländern Bio- und Fairtrade-Produkte zu kaufen und dadurch auf einen Urlaub im Jahr zu verzichten ist eine sanfte Art und Weise, als Gewissensmensch zu leben.

Viele Menschen haben es schwer, Gewissensentscheidungen in ihrem Alltag zu praktizieren. In Berufen mit starkem Korpsgeist mussten Gewissentäter Ausgrenzungserfahrungen machen. Andere, die sich zu Handlungen aus einem Gewissensaufschrei getrieben sahen, mussten Abmahnungen hinnehmen. Nicht selten verzichten Menschen auf Interventionen am Arbeitsplatz aus dem Gewissen heraus, um etwas zu werden.

Die Theologie nimmt sich gerne des Gewissens an, weil Gewissen und die Würde des Menschen aufs Engste zusammengehören. Die Menschenwürde wird verletzt, wenn ein Klima kultiviert wird, wo Menschen vor der Gewissensentscheidung zurückschrecken und keine Identität als Person mit Gewissen aufbauen können. Das Gewissen ist ein Frühwarnsystem dafür, dass ein Übergriff auf das Leben an sich, die Respektabilität einer Person und die Menschenwürde stattzufinden droht.

Gewissen-Sein ist eine praktische Herausforderung und ergibt sich aus der Bewährung. Man kann nur vom Gewissen eines Menschen sprechen, wenn man ihn in seinem Tätig-Sein beschreibt. Eine hypothetische Gewissensentscheidung gibt es nicht. Gewissensentscheidung – das bedeutet zugleich, eine praktische Konsequenz im Leben zu schließen.

Gewissenstäter*innen beleben die Gesellschaft, sie bringen sozialethische Innovationen ein, machen auf rechtsfreie Räume aufmerksam und weisen auf unabgeschlossene Problemlagen hin.

Das Gewissensverständnis sieht sich einer kulturellen Spannung ausgesetzt. Zentraleuropäisch wurde bisher der individuellen Gewissenstäter gedacht. Im afrikanischen Kulturraum ist Gewissen-Sein kommunitär vorstellbar. Durch die Kirchenasylbewegung wurde in Deutschland vorstell- und antizipierbar, dass Gewissen-Sein durch geistliche Gestaltung des Zusammenlebens in der Gemeinde Wirklichkeit wird. So wurde der bisher individualisierende Gewissensdiskurs durch die praktischen Erfahrungen in der Kirchenasylbewegung gesprengt. Das wird nicht gern gesehen, weil Gewissen-Sein nicht mehr vereinzelt werden kann. Beim Gewissen-Sein und Gewissen-Haben ist das spirituelle Gemeinschaftsleben nun in Rechnung zu stellen.

Theologisch bedeutsam ist für Gewissen-Sein und Gewissen-Haben, dass eine aktive Gottesbeziehung gepflegt wird, dass der liebende Gott erfahrbar ist, dass ein Möglichkeitsraum für das rechtfertigende Handeln Gottes geschaffen wird. Dabei sollte man in die Relation zu Gott sich „sterblich" stellen und nicht in eine Praxis der Werkgerechtigkeit hineinschliddern, damit einem selbstherrlichen Gewissen vorgebeugt wird.

Das Gewissen verlangt nach Gebet und Bewährung. Gewissen ist man nicht in Leuchtturmentscheidungen, sondern durch ständige Bewährung im Alltag. Das Gewissen wird durch kein herausgehobenes Entscheidungsritual aktiviert, sondern durch eine beständig betende, vergewissernde und rufende Haltung auf Gott hin.

9. These: Religionslose Christen sind angstfrei.

Religionslose Christen sind zuweilen durch die „Hölle der Angst" gegangen, um in eine starke Angstfreiheit zu finden.

Religionslose Christen nehmen kaum Anteil an den Phänomenen einer „Gesellschaft in Angst" (Strasser, 2013, 30-135; s.a. Heine, 2001, 90-98) bzw. der „Gesellschaft der Angst" (vgl. Bude, 2014, 60-82). Denn sie beherrscht kein „Bedrohungspanorama". Sie gehen gelassen mit Risiken und Gefahren um, interagieren freundlich, stigmatisieren nicht den Islam. Weil sie vertrauen, haben sie weniger Angst. Gesätes Misstrauen greift bei ihnen selten. Freiheit wird positiv als Chance gesehen und befreiend erlebt. Indem sie (neue) Machtlose und Gedemütigte verhindern wollen, beugen sie asymmetrischen Konfliktkonstellationen vor, die wieder Angst verursachen.

Weil Religionslose Christen weitgehend angstfrei sind, reagieren sie weniger mit Flucht oder Angriff. Das prädestiniert sie für schwierige Verhandlungen im Horizont einer Friedenslogik. Sie setzen auf keine „Angst vor ...", damit Menschen zusammenfinden. Positiv-konstruktive Ziele sollen zu gemeinschaftlichen Bündnissen führen. Anders als die Befehlshaber über Atom- und andere Waffen (vgl. Flöttmann, 2011, 174) fürchten Friedfertige den Tod nicht innerlich. Jene aber haben sich „aus Angst vor dem Tod ... mit diesem identifiziert, damit sie selber allmächtig und unerbittlich sein können" (ders.).

Da Religionslose Christen angstfreier sind, können sie sich mehr entfalten, mehr wagen und sind interessierter am Weltgeschehen. Auch ein aufrechter Gang ist Zeichen ihrer Angstfreiheit. Mut wird sichtbar. Überdies fühlen angstfreie Menschen tiefer. Das befähigt sie zu intensiverer Kommunikation und zum Erfassen der Bedürfnisse des Anderen, was Gewaltfreie Kommunikation nach M. B. Rosenberg (vgl. ders., 2012) ermöglicht.

Da Religionslose Christen auf eine lebenswerte Gesellschaft von morgen setzen und persönliche Hoffnungen sie tragen, hat in dem Teil des Gehirns, wo sonst Angst entsteht, diese weniger Macht (vgl. Baas, 2016, 14).

Ihre Kultur der Solidarität (vgl. Mierzwa, 2017) lässt Religionslose Christen gesellschaftliche Angst-Phänomene wie bei Hartz IV (2018a, 18f.) bekämpfen. Die Globalisierung schürt bis heute Ängste in der Arbeitswelt (ders., 2011, 313f.). Solidaritätsengagement in der Gesellschaft ist das Gegengewicht.

10. These: Zum Religionslosen Christentum gehört das „Sterblich-Handeln".

Wird sterblich gehandelt (vgl. Mierzwa, 2018d), sind das Leben und die mit ihm zu bestehenden Herausforderungen weniger den Anfechtungen des Alltags ausgesetzt, weil man sich nichts beweisen muss. Das Versagen unter einem Horizont des „Sterblich-Handelns" gerät nicht zur Lebenskatastrophe.

- Sterblich handeln bedeutet, endlich zu leben – auch Grenzen beziehungsweise den Tod als zum Leben dazugehörig zu betrachten, ohne in schier unendlichem Fortschrittsglauben die Grenze des Todes verschieben zu wollen oder in Lebensangst zu geraten.
- Sterblich handeln bedeutet auch, sich als sterbliches Geschöpf Gottes unter Gottes sterblichen Geschöpfen zu sehen, ohne in Allmachtsfantasien oder einen Gotteskomplex abzuschweifen. In 2. Kor 10,13 schreibt Paulus dazu: „Wir aber wollen uns nicht über alles Maß hinaus rühmen ..." (Lutherbibel)
- Sterblich handeln heißt, zwar beauftragt zu sein, als Ebenbild Gottes diese Erde zu bewahren und zu bebauen (vgl. 1. Mose 2,15), sie aber nicht auszubeuten und zugrunde zu richten. Jede*r soll in Frieden und Einklang mit der Schöpfung und allem, was in ihr lebt, leben. Eine Shalom-Kultur ist die Frucht einer Orientierung am Leitbild des „Sterblich-Handelns".
- Sterblich handeln heißt auch, geschwisterlich zu leben. Man soll nicht der allein-Macher resp. die allein-Macherin sein wollen. Stattdessen ist der Kraft, Inspiration und Liebe der Solidargemeinschaft ihr Platz zu lassen sowie gemeinsamem Tun und Hoffen eine Chance einzuräumen.
- Sterblich handeln sollte sich auch im Konsum ausdrücken. Erlebniskonsum und Konsum als gelebte Distinktion passen nicht hinein. Dankbar für Nahrung und Kleidung, die man erhalten kann, sollte Konsum sich auf das Notwendige beschränken und Ausdruck der Solidarität mit den Armen, Schwachen und der Schöpfung sein.

- Sterblich handeln heißt ebenso, die kleinen, unbedeutenden Schritte und Taten zu loben und sich nicht zu schade zu sein für kleine Dienste.
- Sterblich handeln bedeutet zugleich, nicht an einer Krankheit oder einem Gebrechen zu verzweifeln (s.a. Römelt, 2011, 79) – auch die nachlassende Kraft im Alter ist demütig zu akzeptieren. Es gilt, geduldig mit den Einschränkungen leben zu lernen und diese als zu einem dazugehörig zu betrachten.
- Sterblich handeln heißt schließlich, die Grenzen der eigenen Wirkmacht zu akzeptieren und auf Gottes Handeln zu vertrauen. Gott lässt uns nicht im Stich, darauf weisen immer wieder die Psalmen hin, allen voran Psalm 23, auf den Asyl gewährende Gemeinden gerne zurückgreifen. Sterblich handeln bedeutet also, sich auch zurücknehmen und Gottes starke Hand zulassen zu können, ohne im vermeintlichen „Gebet" sein Handeln erzwingen zu wollen.

Die Herausforderung, vor die sich das Religionslose Christentum gestellt sieht, ist die strukturelle Gewalt, die vom kapitalistischen Wirtschaftssystem, dem Neoliberalismus und dem imperialen Agieren ausgeht. Hier arbeiten Christen wie Sauerteig, zuweilen unbemerkt und unkenntlich im Stillen.

So entfaltet das Christentum seine wahre Stärke und Kraft. Vielleicht wäre die Welt verwüsteter, verdorrter und lebensärmer, gäbe es kein Christentum.[9] Dazu, dass das Christentum Sauerteig sein kann, gehört so etwas wie ein Sich-selbst-Aufgeben resp. ein Sich-Verlieren. Religionsloses Christentum hat eine Neigung, subversiv zu sein, still zu handeln, sich selbst aufzugeben und sich zu verlieren. Christliche Basisgemeinschaften verstehen sich auch so, dass sie Salz und Sauerteig sind. Jesu kleine Schwestern sind wie Sauerteig. Ich weiß von Christen in der Transition-Town-Bewegung, die sich ganz still einbringen. Sie attackieren die herrschenden Strukturen nicht mit Hacke und Unkraut-Ex, sondern kompostieren diese. Sie leben die Veränderung, die sie für die Welt wollen, weil sie den Nächsten lieben wie sich selbst. Manchmal sind es „anonyme" Christen im Sinne Karl Rahners. Sie machen sich aus der ökologischen Frage ein Gewissen bis in Alltagsfragen hinein und reservieren die Gewissensentscheidung nicht für herausgehobene Entscheidungssituationen.

Besonders hervorheben für eine Kultur des Sterblich-Handelns möchte ich die Kultur des Verzichts. „Eine Ethik des Verzichts ist ... von Freiheit und Freiwilligkeit gekennzeichnet" (Zimmermann, 2018, 47). Verzicht wird nicht abgerungen. Die Handlungsorientierung des Verzichts erfolgt weder aus Gesetzen noch aus Prinzipien. Verzicht wird nicht vorgeschrieben. „Verzichten muss man nicht aus Pflicht" (ders.). Eine Verzichtskultur besteht aus Entscheidungen von Fall zu Fall und ist dennoch ethisch, d.h. eingebettet in reflektierte Handlungsbegründungen mit Wertzuschreibung. Mit einer Verzichtskultur kann man Gelegenheitsvegetarier sein – man kann sagen: „Auch ein Verzicht von Zeit zu Zeit ist sinnvoll. Es gibt nicht nur Alles oder Nichts. Entscheidend ist das langfristige Ziel" (ders.). Der Verzichtsmensch verzichtet auf moralischen Druck und lebt eine Lebensalternative, wobei er will, dass die Menschen um ihn herum sich letztlich selbst zum Verzicht entscheiden. Der Verzichtsmensch will auch keinen moralischen Druck aufbauen, indem er Dinge, die andere Menschen (noch) umgeben, in schlechtes Licht rückt bzw. als schlecht klassifiziert.

Verzicht ist eine Chance zur Befreiung. Es wird vermittelt, die Erfahrung der Befreiung für sich zu machen: „Wer auf ein Genussmittel verzichten kann, erfährt einen Genuss anderer Art, eine ungeahnte Freiheit und neue Souveränität" (ders., 49). Frei zu sein vom Getriebensein der Ausweitung von Handlungsmöglichkeiten führt zu einer neuen Einfachheit, die als Befreiung empfunden werden kann. Es kann frei machen, nicht alles mitzunehmen, worauf man ein Recht hat.

Es gibt ein Sterblich-Handeln im Horizont einer „altruistischen" Haltung. Diese ist in der Fähigkeit zur Demut bei Mitarbeiter*innen der Telefonseelsorge und der Bahnhofsmission zu finden, sich sagen zu können, dass man auch nicht retten kann. Sie ist gepaart mit der Gelassenheit, dass man bei Weggabelungen des Lebens von „Kunden/Gästen/Klienten" nicht eingreifen kann und eigenständige Entscheidungen von diesen aushalten muss. Es gehört dazu, die Freiheit im Handeln zuzulassen, auch wenn es tragisch, kopflos und manchmal ziemlich „sinnlos" ist.

Religionsloses Christentum handelt in einem machtbesetzten Feld. Es gibt mächtige Akteure in Politik, Wirtschaft und Gesellschaft, die sich an einer friedenslogischen Politik reiben oder von ihr abgestoßen fühlen.

Die Dominanz unpersönlicher Mächte – wie der neoliberal organisierte Markt – zerreibt den Willen der Menschen zu kooperieren. Die in Gesetze gegossene Macht (und Gewalt) ist manchmal schier unerträglich. Hier kommt es zu Ohnmachtserfahrungen. Friedenslogische Politik bedeutet daher auch, zur eigenen Ohnmacht zu stehen (vgl. Hämer, 2016, 6) und dennoch weiterzumachen. Da friedenslogische Politik auf einer anderen Machtebene und in einer anderen Machtdimension handelt, kann sie die Ohnmachtserfahrungen leichter aushalten.

Friedenslogische Politik kann einen Machtzuwachs gewinnen,

- wenn sie daran arbeitet, „Salz in der Suppe“ zu sein;
- wenn sie langsam den Teig durchsäuert;
- wenn (kleine) Keimzellen der Solidarität, der Gerechtigkeit und des Gewaltverzichts in die Gesellschaft ausstrahlen;
- wenn sie Kontrastgesellschaften stärkt.

Hier steht eine Macht im Verborgenen und im Kleinen einer Ohnmacht auf der großen Weltbühne gegenüber. Aber weil die Frucht des Geistes sowie der Liebe Langmut und Gelassenheit ist, drängt friedenslogische Politik nicht auf unmittelbaren Erfolg und Machtgewinn. Die Akteure friedenslogischer Politik handeln, als ob alles von ihnen abhängt, und wissen zugleich, dass es – Gott sei Dank! – nicht von ihnen allein abhängt (vgl. ders., 5).

Daher wird vom Religionslosen Christentum auch die lutherische Zwei-Reiche- bzw. Zwei-Regimenter-Lehre (vgl. Müller, 2003, 200-204) zurückgelassen, weil diese letztlich eine Geschichte der Kirche prägte, die an Einfluss- und Machtinteressen orientiert war und weiterhin ist.

11. These: Für Religionslose Christen sind Menschen bzw. Christen keine „Schafe“.

In der Lutherbibel lesen wir bei Matthäus: „Und als er das Volk sah, jammerte es ihn; denn sie waren geängstet und zerstreut wie die Schafe, die keinen Hirten haben“ (9,36). Und in Kap. 26,31 desselben Evangeliums steht: „Da sprach Jesus zu ihnen: In dieser Nacht werdet ihr euch alle ärgern an mir; denn es steht geschrieben (Sacharja 13,7): »Ich werde den Hirten schlagen, und die Schafe der Herde werden sich zerstreuen.«“ Schließlich ist bei Johannes zu lesen: „Der aber zur Tür hineingeht, der ist der Hirte der Schafe. Dem macht der Türhüter auf, und die Schafe hören seine Stimme; und er ruft seine Schafe mit Namen und führt sie hinaus“ (10,2f.). Dieses wiederholte Bild in der Bibel mit Schafen für Menschen – Christen – ist etwas schräg oder gar irreführend.

- Haben Menschen keinen Orientierungssinn wie Schafe?
- Finden Menschen, wenn sie mal vom Weg abgekommen sind, nicht mehr zur menschlichen Gemeinschaft, sprich der Herde, zurück?
- Brauchen sie dann immer einen Hirten/Priester oder ähnliche Personen?
- Können sich Menschen nicht gegen böse, übergriffige Menschen schützen und bleiben immer in Angst erstarrt vor der Gefahr stehen oder laufen wie wild durcheinander?
- Und kann ein Mensch nicht gutes „Gras“ (= gute Nahrung, auch im symbolischen und übertragenen Sinn) von schlechtem „Gras“ (= minderwertige Nahrung) unterscheiden?

Das Bild des Schafes ist in meinen Augen unbrauchbar, weil man so über Menschen und Christen redet, damit man ein Argument hat, Priester und Bischöfe als Hirten sowie eine Top-Down-Kultur zu rechtfertigen, was schlimmstenfalls, wie in der katholischen Kirche, zum Klerikalismus führt (vgl. Kopp, 2019, 27f.). Zivilgesellschaftliches Engagement und ein Handeln mit Eigen-Sinn, was sich stark beim Religionslosen Christentum findet, kommt dabei kaum in den Blick.

Wenn man mit diesem Bild des Christen oder des einfachen Menschen als Schaf schwanger geht, dann verführt das dazu, dass man meint, es gebe eine heilige Rangordnung, wo Priester, „Führer“ und Bischöfe das letzte Wort haben. Man wird dann nicht in der Lage sein, die Vorstellung vom „Priestertum aller“ konsequent weiterzudenken und dabei das Selber-Denken zu fördern.

Harald Welzer veröffentlichte das Buch „Selbst denken. Anleitung zum Widerstand“. Hier vertritt er die Meinung, dass jede*r in der Lage ist, selbst zu überlegen, wie wir in Zukunft leben wollen. Er argumentiert gegen eine Erstarrung des Denkens und für das Experimentieren mit neuen Lebensentwürfen. Deswegen lobt er Christian Felbers Buch zur Gemeinwohl-Ökonomie. Der Diskurs in der Zivilgesellschaft brachte dieses Konzept voran.

Eine Top-Down-Kultur mit einem Lehramt oder einer Richtlinienkompetenz kann auch dazu führen, dass man nicht mehr selbst denkt, nicht mehr Neues wagt und nicht bereit ist, Labors für die Zukunft einer Gesellschaft oder Kirche zu gestalten, wo wir gut, gerecht, glücklich und demokratisch miteinander leben können. Es gilt zu vergessen, dass die Menschen/Christen Schafe sind. Wir brauchen viel weniger Hirten, als uns die Bibel nahelegt. Hirten und „Führer“-Persönlichkeiten können sogar kontraproduktiv für das Überleben von Christentum und Gesellschaft sein. Die Menschen/Christen sind lebenstauglicher, kreativer, schöpferischer und initiativer als das vermeintliche Schaf in ihnen – das will Religionsloses Christentum zeigen. Wenn wir das Schaf in uns zurücklassen, wird das Christentum zukunfts-, also überlebensfähiger und eine einladende Alternative zu allzu menschlichem Mittelmaß, wo Menschen sich nur in Driftzonen aufhalten.

Die Demokraten und Demokratinnen der Zivilgesellschaft sind nicht Schafe einer Herde mit einem Hirten, sondern höchst originelle Persönlichkeiten, die ungewöhnliche Wege gehen, durch neuartige Impulse der Politik eine neue Richtung geben wollen und konsequent widerständig sein können gegen die Vorgaben einer pfadabhängigen Politik, sei es von Parteien oder Kirchenleitungen (vgl. Mierzwa, 2018b, 81f., Anm. 40).

12. These: Für Religionslose Christen ist die Bibel nicht „alles".

Gottes Wort findet sich ebenfalls in gesprochenen Sätzen, gegangenen Wegen und vollbrachten Taten von Menschen hier und jetzt oder in der Geschichte. Gott hat mit Abschluss des Kanons nicht aufgehört zu handeln. Die Offenbarung liegt nicht in ferner Vergangenheit (vgl. Birch/Rasmussen, 1993, 189). Es ist nicht nur Exegese von Evangelien, Apostelgeschichte, Briefen und Offenbarung zu betreiben, um Gott zu hören. Auch das gelebte Leben von Menschen unter uns kann Zeugnis von Gottes Wort sein. Die Exegese lebendiger Gesten der Hoffnung und des Vertrauens bringt dem Religionslosen Christen manchmal Gott näher als die Lektüre der Bibel. Gott spricht zu ihm auch durch Lieder der Gruppe Habakuk und die Weisheit eines Philosophen / einer Philosophin wie Hanna Arendt (vgl. Moltmann-Wendel, 2013) oder eines Dichters.

Der Religionslose Christ studiert nicht nur die Schrift, um Gottes Weisung zu vernehmen, sondern ist auch im Gespräch mit Freunden, Freundinnen und interessanten Menschen, beobachtet leidenschaftlich Lebenswege und Kontrastgesellschaften, lässt sich inspirieren von Lebenszeugnissen und-bekenntnissen. Gott hat mit der Bibel nicht ein für allemal alles offenbart, was zu offenbaren war. Auch mit neuen Menschen in der Zeitenwende wird ständig etwas Neues von Gott offenbart. Wie Liebe zu verstehen, Vertrauen zu leben und Hoffnung auf Gottes Reich existenziell zu vollziehen ist, das machen ihm über die Beispiele der Bibel hinaus auch Biografien von Menschen oder Keimzellen der Solidarität deutlich.

So sympathisiert der Religionslose Christ mit Kontrastgesellschaften beziehungsweise zählt er zu seinem Freundeskreis gerne Menschen, deren Leben noch mehr von Gott erzählt, als was die Bibel schon sagt. In diesen Menschen ist ihm der Gott, dem er vertraut, ganz nahe. Es sind Menschen, wo die Zuversicht und Hoffnung auf Gottes Reich lebendig erfahrbar wird. Diese Menschen schreiben mit ihrem Leben das Neue Testament fort – sie sind das Dritte Buch, das Gegenwärtige Testament.

Gott befindet es für gut, sein Wort in menschlicher Sprache zu sprechen und in menschlichen Lebenszeugnissen zu offenbaren. Wir kennen vor allem Ideen von Menschen und konkrete Tatvollzüge von Menschen, nichts anderes, keine direkten, supranaturalen Offenbarungen.

Gott hat keinen anderen Mund als den der Menschen. Gott hat keine anderen als unsere Arme (vgl. Gollwitzer, 1980, 34f.).

- Weil diese Menschen Liebe im Herzen tragen, sehen sie das Gute.
- Weil sie in einzigartiger Weise Güte, Barmherzigkeit und Nächstenliebe in ihrem Leben realisieren, sind sie in ihren Grundvollzügen transparent auf Gott hin.
- Weil sie überzeugt sind von der verkündeten Freiheit, Gerechtigkeit oder Liebe, wagen sie ein Leben jenseits der gewöhnlichen irdischen Lebenswege.
- Weil im Trost, den sie spenden, erfahrbar ist, dass Gottes Trost sie erreicht hat, tröstet ihr Trost wirklich.

Würden sie fallen, würde ein Stück Hoffnung auf Gottes Reich einstürzen. Würde ihre Lebendigkeit versiegen, wäre die Auferstehungshoffnung nicht mehr nachvollziehbar.

Mit diesem Akzent geht das Religionslose Christentum über die reformatorische Tradition hinaus, wonach „die Schrift ... alleinige Grundnorm und maßgebliche Quelle aller theologischen und ethischen Urteilsbildung" (Körtner, 2011, 292) ist.

Das Reden und Denken vom geoffenbarten Wort Gottes darf nicht anthropozentrisch verengt modelliert werden. Vor dem Hintergrund der Gaia-Theorie/-Hypothese und einer kosmisch-immanenten Spiritualität ist zu sehen, dass auch durch Sonnenstrahlen und Winde, in Düften oder im Vibrieren der Gesteinsschichten „gesprochen"/„offenbart" wird. Tiere „sprechen" ebenso, aber anders. Wie oft fühlen sich Menschen angesprochen vom „Blick" eines Uhus, eines Hundes usw. Gottes Wort „atmet" aus dem Blühen, Gebären und Rauschen von „Mutter Erde".

Dass wir auch anders „angesprochen“ werden als nur durch menschliche Worte, zeigt sich darin, dass wir ein Gefühlsleben haben jenseits zwischenmenschlicher Kommunikation – wobei „Sprache“ die Vorstellung von nur menschlichen Kommunikationsweisen transzendiert. „Berührend“ sind auch die „Worte des Waldes“ oder die „Worte der sprudelnden Quelle“. Es kann zutiefst tröstend sein, wenn man auf blühende Blüten schaut. Und so kann man dahin kommen, „Gottes Wort“ in einer Flamme zu sehen sowie im Schnurren einer Katze oder im Knarren eines Baumstamms zu hören. „Wort Gottes“ im umfassenden Sinn transzendiert die reduktionistische Sicht auf gedruckte Buchstaben.

13. These: Religionslose Christen erfahren „Rechtfertigung" über Beziehungen zu den Mit-Menschen und der Natur.

Rechtfertigung in Communio: „Wenn zwei oder drei in meinem Namen versammelt sind, dann bin ich mitten unter euch." Kann man daran anknüpfend vermuten, dass das Rechtfertigungsgeschehen an eine Beziehungskultur geknüpft ist? Sind erst dann, wenn wir uns mit dem Geist eines Anderen verweben, die Poren für das Rechtfertigungsgeschehen geöffnet? Das Transzendente wird gegenwärtig im Beziehungsereignis. Leben wir selbstverschlossen, auf uns bezogen, uns selbst genügend, hat Gott kaum eine Chance. Wir sollen uns wohl auf den Nächsten einlassen, im Namen Gottes, damit er hineinbrechen kann in unsere Gegenwart. Das Jenseitige ist nur im Diesseitigen anschlussfähig. Gott ist zwar der Welt enthoben, aber ihr nicht fern.

Noch einmal zur Rechtfertigung: Diese scheint zu geschehen, wenn wir uns auf zwei oder drei einlassen. Geführt durch den Hl. Geist kann es dadurch zur wirklich tiefen Klärung der Person, der Versöhnung und der Heiligung der Person kommen. Die Erfahrung der Gnade ist nicht losgelöst von der Art und Weise, wie wir unter Rückbezug auf Gott in der Beziehung zum Nächsten stehen und wie wir unser Miteinander gestalten. Die Gemeinschaft mit zwei oder drei in seinem Namen wird zur Nabelschnur zu Gott, wodurch er uns sein rechtfertigendes Handeln zukommen lassen resp. uns das bedingungslose Angenommen-Sein mitteilen kann.

Mit Mit-Menschen gemeinsam lebend werden wir zu ganz Anderen, zu geöffneten, empfänglichen und sensiblen Wesen, was wiederum eine Voraussetzung dafür ist, dass das Rechtfertigungsgeschehen in uns hineinbrechen kann. Nur wenn man inter-aktiv unter Bezug auf Gott ist, kann sich das Rechtfertigungsgeschehen an uns ereignen, wo Gott uns eine ganz andere Wirklichkeit zukommen lässt, eine Wirklichkeit ohne Leistungsstreben. Wagen wir also das Miteinander im Namen Gottes. Dadurch besteht ein Möglichkeitsraum für das Rechtfertigungsgeschehen.

Mit dem Rechtfertigungsgeschehen ereignet sich eine atmosphärische Verwandlung des Raumes der Inter-Aktion, der Kommunikation, mit einer Qualität, die sich Menschen allein ohne Gottesbezug nicht geben können. Durchflutet vom Hl. Geist wird dann ganz anders gesprochen, gefragt, angeblickt, berührt. Dann besteht – von Gott geführt – Klarheit, Liebe, Respekt, Aufrichtigkeit und Wertschätzung. Rechtfertigungsgeschehen ist kein rein geistiges Ereignis, keine rein spirituelle Gnade, die dem Kosmos entstammt, sondern bedient sich der Menschen, die im Namen Gottes mit uns sind. Ein Rechtfertigungsgeschehen, das so verstanden wird, dass es sich nur ereignet, wenn wir das „Zwischen" mit Anderen unter Bezug auf Gott gestalten und empfänglich für Andere sind, eröffnet einen neuen Erfahrungsraum mit den Nächsten, aus dem Kraft, Kreativität und Hoffnung auf neue Handlungsimpulse erwachsen können, Handlungsimpulse für eine neue Kultur des Zusammenlebens, neuen Technikgebrauch und sozial-kulturelle Innovationen.

Das Rechtfertigungsgeschehen kann auch nach einer „Berührung" mit der Natur erfolgen, wenn man eintaucht in die Natur in der eigenen Seele, dem eigenen Geist / dem eigenen Gewissen in einem „forensisch-sanativ" rechtfertigenden Geschehen auf Mutter Erde hin ausgesetzt ist. Die Begegnung mit Tieren, „Wüste" usw. kann öffnen / bereit machen für das Rechtfertigungsgeschehen. Im Angesicht von Tieren oder dem „Dschungel" kann ein Mensch auf Gott hin „geklärt" und zur „Freiheit" befreit werden. Und das Rechtfertigungsgeschehen ist radikal: Es hat nur vollkommen stattgefunden, wenn man „gerechtfertigt auf Mutter Erde" hin ist – also von nun an auf die Interdependenzen des Lebens und der Dinge hin geistdurchwirkt lebt. Das Rechtfertigungsgeschehen hat eigentlich erst wirklich stattgefunden, wenn man frei von allen Dingen / allem Leben und zugleich Diener aller Dinge / allen Lebens ist. Man ist Untertan von Mutter Erde, ohne unterwürfig zu sein – darin zeigt sich das (ereignete) Rechtfertigungsgeschehen.

Luthers Theologie ist anthropozentrisch und individualistisch zugleich, indem er Gottes Zuwendung exklusiv in eine individuelle Beziehung des einzelnen Menschen zu Gott verlagert.

14. These: Religionsloses Christentum verknüpft die göttliche Matrix gleichermaßen mit Kultur und Natur..

Aus der Vorstellung von Gott-Vater und der Aufnahme von Jesus als Gottes Sohn in die Trinität werden immer noch Herrschaftsverhältnisse zwischen den Geschlechtern generiert, die der „weibliche" Hl. Geist nur unzureichend abfedert. Die Geschichte vom Kommen Gottes in die Welt durch Jesus spielt mit einem heteronormativ geprägten Blick auf das Leben, erklärt zum Beispiel bisexuelle sowie Transgender-Phänomene des Lebens weg und fördert deren „kulturelle" Ausgrenzung.

In Umweltethiken wird die Natur weiterhin als Ansammlung von Objekten betrachtet und nur bei Menschen von Subjekten gesprochen. Das unterstützt eine Hierarchisierung, die ihren Höhepunkt findet, wenn von „wilder" Natur und „menschlicher" Kultur gesprochen wird. Wo Gott ist, findet die Kultur zur Vollendung, sodass die Natur auf dem Niveau von „Naturverhältnissen" stehen bleibt, ohne je zur „Kultur" werden zu dürfen, außer als kunstvoll gestalteter Park oder als Garten.

Eine Queer-Theologie muss

- diese Polarisierungen auflösen,
- Geringer-Wertungen überwinden,
- Passiv-Attribute gegenüber der Materie zurücklassen,
- die Reduzierung des Gott-Begriffs auf Personen aufheben,
- die Qualität des „Zwischen" von Individuen (auch Pflanzen werden als Individuen betrachtet) als für die Gott-Realität relevant betrachten
- und eine stärkere Verknüpfung allen Lebens mit der göttlichen Matrix (dem Reden von Gerechtigkeit, Liebe, Barmherzigkeit etc.) anstreben.

So zeigte die EM-Bewegung, dass man die „Aktivitäten" der Mikroorganismen/Bakterien als Dynamik der Liebe und ihr „Handeln" als Grammatik der Liebe deuten kann (vgl. Zschocke, 2012). Und der tirilierende Vogel kann als Zeuge mutig bekennenden Glaubens betrachtet werden.

15. These: Religionslose Christen hoffen auf eine gewaltfreiere, friedfertigere und solidarischere Welt.

Religionslose Christen leben aus dieser Hoffnung. Dabei steigen sie nicht aus den Bedrängnissen der Gegenwart aus. Für die erhofften Zustände werden realistische Anknüpfungspunkte gesucht in Vergangenheit, Gegenwart und der irgendwie antizipierten Zukunft. Sie greifen Erzählungen auf, die das Bewusstsein für eine Entwicklung in der Zeit auf Gewaltfreiheit, Friedfertigkeit und Liebe hin bewahren und so Hoffnung auf eine dahin gehende Geschichte machen. Katastrophale Ereignisse sind für sie angesichts der großen Erzählung der Liebe noch lange nicht das Ende.

Die Hoffnung der Religionslosen Christen ist beinahe immer in eine Gemeinschaft eingebettet, die Hoffnung bestärkt und das Gefühl vermittelt, dass konstruktiv an einer friedfertigen Welt gebaut werden kann. In der Gemeinschaft sind Zeugnisse für Versöhnung und Gewaltfreiheit gegenwärtig, auch das Wissen darum, dass etwas zum Guten gewendet werden kann. Der Aufbruch zur anderen Welt ist schon jetzt in der Gemeinschaft erfahrbar.

Individuell-anthropologisch zeichnen sich die hoffenden Religionslosen Christen durch eine gewisse Unruhe aus,

- etwas bewegen zu wollen,
- sich mit den Gegebenheiten nicht abfinden zu wollen,
- aufbrechen zu wollen,
- die Verhältnisse transformieren zu wollen.

Hoffnung changiert im Phänomenfeld / den Konstruktionen / den Gefühlen von Erwartung, Vertrauen, Zuversicht, Optimismus und Glaube. Ein hoffender Mensch ist spirituell. Spirituell sind die Religionslosen Christen, weil es in der Hoffnung auf eine gewaltarme, friedfertige und versöhnte Welt etwas gibt, das nicht rational erklärbar ist, das die friedvolle Welt zum Teil außerhalb des selbst Mach- und Leistbaren sieht und eine Kraft für notwendig hält, die durch eigene Motivierbarkeit nicht hinreichend gewährleistet werden kann. Gott ist es, der Hoffnung schenkt.

Für die, die aus dem christlichen Glauben heraus hoffen, ist die Hoffnung auf eine friedfertige, rüstungsfreie und gewaltarme Welt nicht abstrakt. Es gibt Jesus Christus (JC) und das Ostereignis.

- Mit JC bewährt sich die Hoffnung der Friedfertigen, auch wenn sie angesichts von Gewalt, Rüstungseskalation, Feindschaft, Kriegen an dieser Wirklichkeit zu zerbrechen scheint.
- Mit JC im Gepäck neigen die Friedfertigen bei ihrer Hoffnung gerade nicht zur Weltflucht.
- Mit JCs Reich-Gottes-Verkündigung strecken sich die Friedfertigen nach dem aus, was noch keinen Ort hat, wo aber die Chance gesehen wird, dass Frieden, Gewaltlosigkeit und Liebe einen Ort bekommen.

Dabei brechen die Religionslosen Christen aus sozial fixierten Rollenerwartungen von Konkurrenz, Neidkampagnen, Rivalität, Über- und Unterordnung, Wachstumsideologie etc. aus. Ihre Hoffnung prägt sie, dass sie so von der Wirklichkeit der anderen Welt ergriffen sind, dass deren Realität schon jetzt mächtig wird. Hierbei setzen sie befreiende Impulse, leisten praktisch Widerstand, unternehmen Initiativen der schöpferischen Neugestaltung und lassen lebensfeindliche Ideologien zurück.

Im Ostergeschehen hat für die an JC Glaubenden die Zukunft für eine friedlichere, gewaltärmere, liebevollere Welt bereits begonnen. Menschlich nicht Fassbares konnte geschehen. So finden die Religionslosen Christen immer wieder zur Hoffnung, dass menschlich nicht Fassbares geschehen kann. Sie hoffen mit der Auferstehung im Rücken, dass auch der Frieden machtvoll Raum gewinnt, dass die Liebe lebendig die Denkmuster verändert und dass die Gewaltlosigkeit die Strukturen umgestaltet. Im Versöhnungsbund findet sich eine „Exodus-Gemeinde", wo sich Friedfertige versammeln, die aus rollenkonformen Verhaltensmustern ausbrechen (Anregungen hierzu aus Tobler, 2004, 175-236).

16. These: Religionsloses Christentum wirbt für eine Bekehrung zu den Frauen.

Geburt

Lasst uns das Wunder einer Geburt bedenken, lasst uns bedenken, was alles gegeben sein muss, damit es zur Geburt kommen kann.

- Wer Erzählungen vom Dreißigjährigen Krieg gelesen hat, was Soldaten mit schwangeren Frauen gemacht haben, kann danken, dass Maria nicht im Kriegsgebiet lebte.
- Wer die Klage südafrikanischer schwarzer Frauen zur Zeit der Apartheid über die entbehrungsreiche Armut hört und was das für Auswirkungen auf die Geburt von gesundem Leben hatte, kann dankbar sein, dass Maria nicht unter erschreckenden Elendszuständen lebte und einen gesunden Jesus zur Welt brachte.
- Wer die Klage von Frauen aus Indien oder Bangladesch in der Gegenwart über den fehlenden Zugang zu sauberem Wasser hört, kann dankbar sein, dass Maria wohl Zugang zu sauberem Wasser hatte.
- Wer die Geschichten über Frühgeburten bei misshandelten schwangeren Frauen hört, kann danken, dass das Band der Liebe zwischen Maria und Joseph bestand.
- Wer von Komplikationen bei der Geburt (Nabelschnur um den Hals, Sauerstoffmangel) hört, kann dankbar sein, dass Jesu Geburt komplikationslos verlief. Es musste viel zum Guten gefügt sein, damit er, wie er war, gut das Leben beginnen konnte. Dafür müssen wir danken.

Mit dem Bericht von Jesu Geburt (Lk 2,1-21) erhält Geburtlichkeit und die weibliche Genealogie durch die Bibel einen größeren (gesellschaftlichen) Stellenwert und damit zugleich der Fluss von Beschenktwerden und Schenken größere Beachtung. Mit Blick auf die Geburt (durch die Bibel) wird der Phase menschlichen Lebens mehr Beachtung geschenkt, wo deutlich wird, dass es wichtig ist, von anderen Menschen gut behandelt zu werden, um gut handeln zu können. Geborene Menschen sind verletzliche Menschen. Eine Ethik der Fürsorge, des Aufräumens, des behutsamen Sich-Annäherns hat daher hier ihren Platz. Verlässliche körperliche, geistige und soziale Ernährung des/der Heranwachsenden ermöglicht Erfahrungen guten Lebens, die dann prägend für den späteren Umgang mit Fragen von Krieg und Frieden, von Ressourcenverteilung oder der Gestaltung des Sozialstaates sein können. Ausgehend von der Geburt macht man die Erfahrung der Liebe. Wie mit der (eigenen) Verletzlichkeit umgegangen wird, führt zum Alphabet, mit dem man im späteren Leben Liebe buchstabiert. Es kann schließlich zu einem Ethos kommen, mit dem man dann politisches und öffentliches Leben gestaltet.

Gottes Wort „atmet" aus dem Blühen, Gebären [10] und Rauschen von Mutter Erde. Die Schöpfung ist Gebärende. Mutter Erde ist Gebärende. Frauen sind Gebärende. Indem geboren wird, offenbart sich Gottes „Herrlichkeit". Dabei darf man „Gebären" nicht als Metapher lesen und interpretieren – es wird tatsächlich geboren mit Wehen, Schmerzen, Ängsten, Erschaudern usw. Das Grimmsche Wörterbuch machte noch deutlich, dass Gebären eine echte, intensive, herausfordernde „Arbeit" ist (vgl. Komlosy, 2015, 41). Und mit dem Gebären wird die Hoffnung auf eine gerechtere Zukunft sowie auf neues schöpferisches Leben aufrechterhalten. Mit dem Gebären wehren sich Frauen auch gegen Lieblosigkeit, Ungerechtigkeit, Gleichgültigkeit, Berechnung und Machtlosigkeit. Geburten haben dann einen befreiungstheologischen Anspruch. Mit jeder Schwangerschaft und jeder Geburt wirken Frauen mit an der „Vollendung der Schöpfung" (vgl. Enzner-Probst, 2013).

Man kann die Geburt als für das Anbrechen einer neuen Welt / eines neuen Äons wesentlich nicht überspringen. Aber man muss bereit sein,

- sich von der Geburt neuen Lebens ergreifen zu lassen,
- dem Heiligen im neuen Leben zu begegnen,
- das Wunder neuen Lebens anzuerkennen,
- sich dem dramatischen Prozess zu stellen und
- von vollkommener Freude und Seligkeit berührt zu sein.

Man wird immer wieder die Erfahrung machen, dass Schmerzerfahrungen auf die Geburt eines neuen gerechteren Weges in der Welt verweisen. Mit der Geburt ist Frauen dafür eine elementare Ursprungserfahrung gegeben, die Männer empathisch begleiten können.

Nach der Geburt, wenn der Schmerz vorüber ist, kommt das Schweigen, Staunen und Sich-Freuen, dass etwas Neues, was gerechter ist, zum Leben gefunden hat, durch den vertrockneten Boden gebrochen ist.

Es gibt Fehl- und Totgeburten. So wissen Frauen auch um tiefe Ohnmacht und Hilflosigkeit. Schwangerschaften nach einer Vergewaltigung – z.B. im Krieg oder bei Prostituierten aus Armut/Menschenhandel – sind oft mit einer Traumatisierung verbunden (vgl. Terre des femmes). Hier gerät theologische Rede von der „Geburt als Begegnung mit dem Heiligen" (Strack, 2013, 130) an kommunikative Grenzen, weil Gewalt, Demütigung und Herrschaftsgebaren des Mannes Frauen oft innerlich zerstörten.[11]

Care-Ethik

Die Fürsorgeethik (vgl. Mierzwa, 2014, 128-181; Globig, 2018) treibt die Care-Revolution (vgl. Winker, 2015) an. Das bedeutet nicht nur eine gesellschaftliche Aufwertung von Care-Arbeit, sondern auch eine stärkere Inkorporation des Care-Aspektes in Normal-Arbeitsverhältnisse.

Bei der Care-Ethik wird um eine Anerkennung des (versteckten) Fürsorgehandelns über eine Care-Revolution gerungen. Fürsorgehandeln darf nicht mehr hierarchisch absteigend geleistet werden, z.B. von Migranten/ Migrantinnen. Im Gegenteil: Bei der Care-Revolution wird ein emanzipatives Potenzial des Fürsorgehandelns entdeckt, indem z.B. über konkret definierte, qualitativ und gerecht aufgewertete Berufe Fürsorge stärker ins öffentliche Bewusstsein rückt. Auch von Frauen wird gezeigt, dass die ökologische Krise mit einer Sorge-Krise (vgl. López, 2018; Gottschlich/Katz, 2018) zusammenhängt. Unter dem Sorgeaspekt wird verantwortungsvoller gegenüber Mutter Erde gehandelt (vgl. Erd-Charta-Bewegung).

In der Care-Ethik findet das ethische Abwägen und Reflektieren über das Sich-Sorgen zum ethischen Argument. Care-Ethik, d.h. nicht im Gedankenexperiment durchspielen, was angemessen im Interesse des Anderen sein könnte, sondern emotional nacherleben, affektiv eingehen auf das, was den Anderen betrifft. Ausgehend von einer erhöhten Sensibilität für die Lebenslage des Anderen wird die ethische Empfehlung gefunden. Aber es entstehen auch neue Analysekompetenzen für sozialethische Fragestellungen – so wird aus einer Sorge-Haltung heraus ganz anders das Problem der „strukturellen Gewalt" der Politik und des Wirtschaftssystems bedacht und beschrieben.

Ausgehend von einer Care-Ethik wird eine konkrete Care-Revolution angestrebt. Es wird nicht nur versorgt, bemuttert und am Fließband gepflegt, sondern Soziale Arbeit, Erziehung und Pflege sind reich an Gefühlen wie Empathie, Wohlwollen, Mitgefühl, Mit-Leid und Anteilnahme.

Care-Ethik hat immer situationsabhängiges Fürsorgehandeln im Blick. Das Fürsorgehandeln hat einen Charakter und einen Fingerabdruck, die unverwechselbar in der Situation resp. im konkreten Kontext erbracht werden. Eine Kompetenz für die Situation wird gefordert. Fürsorgehandeln kann nicht vom Grünen Tisch aus reißbrettartig erfolgen. Man muss sich in die Situation hineinverwickeln lassen, damit Fürsorgehandeln gelingt. Die Gerechtigkeit erweist sich als Gerechtigkeit darin, dass sie fürsorglich in der jeweiligen Situation konjugiert wird.

Care-Ethik rechnet mit Abhängigkeit und Verletzlichkeit. Fürsorge nutzt diese nicht aus und geschieht mit Respekt. Die Fürsorge innerhalb der Care-Ethik wird als Scham- und Leid-sensible Fürsorge verstanden. In ihrer Handlungsform verletzt sie nicht die Integrität dessen, dem man sich mit Fürsorgehandeln zuwendet, respektiert Sehnsüchte nach Unabhängigkeit und sieht verschüttete Fähigkeiten. Die Care-Ethik sieht wegen Abhängigkeiten und Verletzlichkeiten die Notwendigkeit achtsamer Fürsorge. Eine Gesellschaft, die diese Notwendigkeit nicht sieht, ist nicht gerecht. Bestimmte Menschen werden als verletzbarer und schwächer anerkannt – deswegen besteht Bedarf an einer um Care-Ethik ergänzte Gerechtigkeitskultur.

Die Care-Ethik im Konzept der Care-Revolution weist Versorgung und Fürsorge einen organischen Platz in einer wohlgeordneten Gesellschaft zu. Das Übernehmen von Versorgung und Fürsorge darf nicht zur Altersarmut führen, darf aber auch nicht dazu führen, dass man von der gesellschaftlichen Partizipation abgehängt wird. Fürsorge muss gerechter entlohnt werden und Fürsorgearbeit muss eine positive Qualität in der Anerkennungskultur erzielen. Das gelingt nur, wenn der „Leistungsgedanke" nicht einer hegemonial-männlichen Deutungshoheit unterliegt und in den gesellschaftlichen Verhältnissen eine umfassende Aufwertung von Care-Arbeit erfolgt.

Die Sorgelogik steht in Opposition zur den Tod generierenden imperialen Lebensweise. Sie bewahrt, schützt und reproduziert das Lebendige in der Gesellschaft sowie in der Natur. Die Sorgelogik rechnet mit dem verletzlichen Menschen, der verletzlichen Natur und ist dabei sensibel gegenüber den negativen Auswirkungen prekärer Beschäftigungsverhältnisse sowie einer „entsicherten" Politik- und Wirtschaftsweise. Sie interveniert, wenn durch utilitaristische Verwertungsprozesse das Lebendige leidet und in den Tod getrieben wird.

17. These: Religionslose Christen bekehren sich zu den Kindern.[12]

In Abwandlung einer Aussage von Nelson Mandela zur Bedeutung von Kindern für die Gesellschaft möchte ich eingangs behaupten: Nichts offenbart die Seele einer Religion, einer Glaubensrichtung deutlicher als die Art und Weise, wie sie ihre Kinder behandelt, diese wertschätzt, respektiert und achtet.

Der Vorstellungssatz, dass Kinder „Gottes Eigentum“ sind, verführt gelegentlich und gar nicht selten Religionsvertreter*innen dazu, Kinder zum Eigentum ihrer Religion zu erklären – mit zuweilen erschreckenden Folgen (vgl. Beispiele in: Galeski, 2019). Im Religionslosen Christentum werden Kindern Freiheit, Vielfalt und die Chancen des Lebens geschenkt und überantwortet.

Diese These geht einerseits über Jesus hinaus, wenn er die Kinder nur zu sich kommen ließ. Aber andererseits wird auch mit Jesus gegangen, wenn er ermunterte, Freude wie die Kinder zu empfinden und wie die Kinder zu glauben.

Ich denke, man kann davon ausgehen, dass es nicht wenige Kinder gab und gibt, mit denen etwas Einzigartiges von dem, was die Christliche Botschaft ausmacht, in der Welt präsent gewesen ist und augenblicklich präsent ist – man muss nur aufmerksam dafür sein.

Kinder wollen leben (mit allen Sinnen). Sie sind das Leben. Sie sind Impulsgeber für neues Denken und Fühlen. Sie bezeugen, ob Liebe gelebt wird. Kinder sind Mutmacher. In ihrer Resilienzfähigkeit (vgl. Meier-Gräwe, 2006) kennen sie Widerstandskräfte und Zukunftshoffnungen – trotz einer drückenden Realität –, die uns Erwachsenen unglaublich erscheinen.

Kinder haben ein einzigartiges Glaubenswissen, ein einzigartiges Wissen vom Ewigen und vom Heiligen, worüber sie in einer Weise staunen können, die uns immer wieder verblüfft (vgl. Jahrbücher für Kindertheologie, 2002ff.). Man muss ihnen nur den Raum und den Rahmen dafür geben. Kinder sind wach für das pulsierende Leben; sie kennen eine Achtsamkeit, die wir Erwachsene uns wieder mühsam aneignen müssen. Kinder haben einen ausgezeichneten Sinn für Eigen-Sinn, also für das Wesentliche, was ihr Wesen ausmacht.

Es gilt daher, die Würde und die Einzigartigkeit jedes Kindes zu bewahren und zu fördern.
Es gilt daher, die „Verletzlichkeit" jedes Kindes zu beachten und jede Form von (subtiler) Gewalt von ihm fernzuhalten.
Es gilt daher, zum aufmerksamen Gesprächspartner / zur aufmerksamen Gesprächspartnerin für Kinder zu werden.

Kinder beschenken uns mit großer Sensibilität und großem Lebensmut für mehr Lebenstüchtigkeit, mehr Eigen-Sinn, mehr Achtsamkeit, mehr „spielerisches" Handeln – ein besseres Verständnis des Panoramas von gelebter Liebe. Von ihnen geht eine besondere Glaubensweisheit aus.

18. These: Religionsloses Christentum zeichnet sich durch starke Spiritualität aus.

Die Spiritualität des Religionslosen Christen / der Religionslosen Christin ist von spiritueller Sehnsucht und Hingabe geprägt. Für manche, die spirituell sind, bedeutet Spiritualität Leidenschaft für Gott. Spirituell zu sein bedeutet, „gottesfähig" zu sein (vgl. Thompson, 1995/2004, 24). Spiritualität heißt, zu einer Lebendigkeit des Sich-Öffnens finden und dem Geöffnet-Sein eine innere Form geben. Dazu gehört auch, zu einer Haltung des Staunens zu finden (vgl. D. Sölle in: Sailer-Pfister, 2006, 288f.). Von der buddhistischen Spiritualität herkommend ist eine Haltung der Achtsamkeit von Bedeutung, eine Achtsamkeit, die darauf bedacht ist, nicht verletzen und schädigen zu wollen, und deshalb Zusammenhänge nicht aus den Augen verliert. Spiritualität zeigt sich darin, dass eine Haltung des „beschenkt-Werden" eingenommen wird (vgl. Felber, 2016, 75). Es wird nichts erzwungen, nicht kalkulierend gebetet, nicht bilanziert, nicht Ergebnissen nachgejagt, sondern es wird erwartet und in Dankbarkeit angenommen, was geschieht, auch wenn man es zunächst nicht als Gottes Fügung durchschauen kann. Ein dankbares Leben zu führen ist spirituell und ein dankbares Leben zu führen führt zum Gebet.

Dankbarkeit führt zum Frieden mit sich selbst, was wiederum das Verhalten neu justiert. Die Dankbarkeit leben zu können macht empathischer, einfühlsamer und zärtlicher. Dankbare Menschen können solidarisch mit dem Nächsten sein (vgl. Cornelia Coenen-Marx in: http://www.seele-und-sorge.de/?page_id=1219). Spiritualität ist ein Ausbrechen aus der „genutzten" Zeit. In allem, was man tut, ist ein Moment der „Zeitvergessenheit" zu erfahren und zu erleben. Es wird nicht unmittelbar etwas „erstrebt". Dadurch wird man achtsam für kairologische Momente (vgl. Eurich, 2003, 118, 121, 142f.). Es kann von kairologischer Qualität sein, wenn man „aufwacht" aus einer bisherigen Ego-Haltung, einer Angsthaltung usw. (vgl. Full, 2015, 161-166). Das sind Momente, in denen ein Fenster zu einer tiefen Wirklichkeitswahrnehmung besteht bzw. die Möglichkeitsbedingung für eine Handlungsoption sich auftut. Es sind auch einmalige Momente, wo eine Ahnung für das Ewige und Heilige aufkommt. Es sind zugleich Momente, wo ein besonderes Angebot gemacht werden, sich eine besondere Chance auftun, aber auch eine besondere Anfrage und Herausforderung sich ergeben kann (vgl. Bettinger, 1995, 206).

Spiritualität verzichtet weitgehend auf Sätze und Kommunikation; es wird allenfalls angedeutet und hingewiesen. Der innere Prozess ist mehr Schweigen als Sagen. Dies steht eher in der Tradition von Dietrich Bonhoeffer, der im Religionslosen Christentum eine Abwendung von geschwätziger Religiosität hin zum „qualifizierten Schweigen" sieht (vgl. Wüstenberg, 2006, I. Abschnitt; ders., 2006b, 18). Zum Schweigen zu kommen fördert die innere Haltung des Wahrnehmens; beim Zuhören zu verbleiben macht achtsamer. Wird Schweigen zum Verschweigen der Not Anderer, dann ist auch das Schweigen verdorben (vgl. Butting/Steffensky, 2009, 22f.). Spiritualität ist „passiv" – sie kennt das Erleiden. MacQueen (2014?) berichtet davon, dass der spirituelle Weg zur Gewaltlosigkeit über das geduldige Annehmen von Schlägen führt (vgl. S. 81 und 83). Spiritualität übt sich im Loslassen und Aushalten. Spiritualität ist aber auch „aktiv" – verstanden als Tätigkeit, die von einem selbst weggerichtet, ganz für den Anderen da ist (vgl. Fischer u.a., 2008, 369; MacQueen, 2014?, 130f.) Es wird dabei mitten in den Dreck und Schweiß des Lebens hineingegangen. Es wird gehandelt um der Menschen willen. Das ist ethisch bedeutsam. Gerade weil man beim Aktiv-Sein nicht auf sich selbst fokussiert und hineinverwoben ist in ein Beziehungsgeschehen, ändert sich die innere Einstellung. Das hat Folgen für die Ethik. Man muss spirituell wach bleiben.

„Spiritualität ist eine Haltung und permanente Praxis" (Felber, 2016, 73). Deswegen gehören auch Übungen zur Spiritualität (vgl. Bettinger, 1995, 203ff.; Thompson, 1995/2004, 25ff.). Aber Spiritualität darf, reformatorisch richtig verstanden, kein religiöser Leistungswettbewerb sein. Fasten ist eine spirituelle Praxis, um Geist und Herz von ihren üblichen Geschäften zu leeren. Das Beten sollte nicht sporadisch erfolgen, sondern einen festen Platz im Leben haben, damit man zu einer „bestimmten" Wahrnehmung des Lebens findet bzw. einer „bestimmten" Einstellung zu

Leiden und Tod – z.B. zu einer in der Hoffnung verankerten Wahrnehmung und Einstellung. Das Wiederholen in der Praxis festigt die Hoffnung und gibt so ethischem Verhalten die Kraft für nach vorne weisende Schritte. Eine einseitig vergeistigte Spiritualität ist nicht angemessen (vgl. die Kritik durch die feministische Spiritualität bei MacQueen, 2014?, 122; vgl. auch Kaufer/Osmer-Newhouse, 1994/1999, 101; s.a. zur Betonung des Zusammenhangs von Spiritualität und Körperlichkeit Felber, 2016, 45ff.).

Spiritualität und achtsames Umgehen mit dem Körper gehören zusammen. So kennen Gewissensregungen körperliche Symptome. Daher muss eine spirituelle Gewissensbildung auch daran arbeiten, einen Sensus für einen Körperausdruck des Gewissens zu entwickeln. Der spirituelle Mensch überwindet die Parzellierung der Ethik in Bereichsethiken (vgl. Eurich, 2003, 17 und 31f.). Eine holistische Sicht der Dinge wird gepflegt. Der spirituelle Mensch ist gut zu sich. Als Wachsender, Werdender, sich Sammelnder und Findender begleitet er sich in Liebe, Freude, Fürsorge, Sympathie, Großzügigkeit und Selbstachtung – das zeigt besonders das Handbuch „Weibliche Spiritualität“ (vgl. Kaufer/Osmer-Newhouse 1994/ 1999). Für spirituelle Menschen zeichnet sich eine vitale Beziehung zu Gott oft durch Nähe und Intimität aus. Hier kann eine intensiv gelebte Zwiesprache ihren Platz haben, aber auch eine leidenschaftliche Liebe zu Gott.

Religionslose Christen kennen zusammen mit anderen Religionen den Zusammenhang einer Spiritualität der Mäßigung und Entsagung sowie der Fähigkeit zum Mitgefühl. Im Interesse von mehr Mitgefühl in der Welt geht es bei der Spiritualität darum, eine rein materialistische und ichbezogene Weltsicht zu überwinden. Aus einer spirituellen Grundhaltung heraus verschwindet das gierige Moment im Verhalten des Menschen.

Im Religionslosen Christentum gibt es eine größere Wertschätzung spezifischer Formen weiblicher Spiritualität. So wird Tanz als spirituelle Ausdrucksform gewürdigt. Es werden Bäume umarmt, um mit Mutter Erde stärker in Berührung zu kommen, oder es wird respektiert, dass Frauen mit sexuellen Missbrauchserfahrungen im häuslichen Umfeld nicht mehr das „Vaterunser“ beten können.

Die kosmisch-immanente Spiritualität weist eine Spiritualität des Eins-Seins und der Verflochtenheit auf Mutter Erde und mit dem Kosmos auf. Spiritualität bedeutet zu handeln im Bewusstsein, dass alles mit allem verbunden ist. Es besteht ein großer Zusammenhang (vgl. Felber 2016, 29). Die Grenzen zwischen Selbst und natürlicher Umwelt verschwimmen (vgl. ders., 32). Daraus resultiert mit den Worten von Häuptling Seattle, dass alles, was der Erde widerfährt, auch ihren Söhnen und Töchtern widerfährt (vgl. ders., 33; s.a. 36), weil wir mit allen schwingen und fühlen (vgl. ders., 32). Dadurch bekommt auch der Satz „Liebe deinen Nächsten wie dich selbst" Sinn für ihn (vgl. ders., 33). Er ist die richtige Antwort auf die Interdependenz von allem mit allem. So kann Seattle auch die Gaia-Hypothese befürworten (vgl. S. 34).

Für Religionslose Christen ist eine „spirituelle Praxis ausgeschlossen, bei der der Mensch sich selbst religiös in Schwung und Stimmung versetzt oder sich Gott eigenmächtig zu nähern und ihn sich dienstbar zu machen versucht" (Preul, 2008). „Je üppiger die praxis pietatis im engeren Sinne und je mehr Anweisung es hier gibt, desto größer ist die Gefahr des Umkippens in äußere religiöse Observanz und damit in Werkgerechtigkeit" (ders.). Es ist allerdings behutsam zu prüfen, wo die Schwelle des Umkippens liegt, da weibliche Spiritualität viel sinnlicher ist, weil der Körper für sie ein Tempel Gottes ist (vgl. Kaufer/Osmer-Newhouse, 1994/1999, 170). Es ist darauf zu achten, dass das Argument, hier kippe bei der weiblichen Spiritualität etwas zur Werkgerechtigkeit um, kein verdecktes patriarchales Argumentieren ist.

Die Spiritualität des Religionslosen Christentums kennt ein nach-theistisches Gottesverständnis. Hier bedeutet beten: Nichts zu wissen, aber niederzuknien (vgl. Kroeger, 2016, 76). Beten bedeutet, an ein Geheimnis Gottes so zu glauben, dass man in diesen Gott nie eindringen, es nie erkennen, nie wissen wird. Der Fortschritt des Betens angesichts des nach-theistischen Gottes liegt in der Veränderung der betenden Haltung: Verehrung, Empfangen, Dank, Demut, Staunen, Fürchten, Lieben der Schöpfung usw. (vgl. ders., 77f.). Beten heißt, man muss nicht zuvor an eine metaphysische Gottperson glauben, um jemand zu haben, an den man das Gebet richtet. Die Lebendigkeit des Lebens ins Gebet mit hineinzunehmen zeigt, dass man spirituell in einer Gottesbeziehung steht.

Das Gebet bei einem nach-theistischen Gottesverständnis schwingt in einer Du-Du-Beziehung. Der Betende lässt dabei in seiner Herzens-Regung weitgehend eine gegenständliche, irgendwie ihm gegenüber stehende Person zurück und lässt sich auf eine „Tiefe des Seins" in Beziehung ein (vgl. ders., 86). Der Betende kann dabei zwar alte Formen wie das Vaterunser beten, lockert aber dabei theistische Vorstellungen des Gottesverständnisses. Das nach-theistische Gottesverständnis „Religionsloser Christen" macht sie eher dialogfähig mit „Religionslosen Hindus" oder „Religionslosen Moslems", weil sie weniger „Gottesbesitzer" sind. Gott existiert zwar als Gegenüber in einer personalen Ansprache, ist aber in weit geringerem Umfang an einer Person-Gestalt „dingfest" zu machen als bei „Gottesbesitzern". Gott hat ein Herz, kennt Leid, ist für Andere da, spricht und ist weniger ein Magnet mit seinem Magnetfeld (vgl. Oosterhuis, 2016/2018, 18-25, besonders 25; Mierzwa, 2019b).

Religionslosem Christentum geht es – mit den Ausführungen von Ursula King (2010) – nicht um „eine ausschließlich auf persönlich-individuelle Belange ausgerichtete Spiritualität, der es beispielsweise nur um den inneren Frieden oder das wahre Selbst" (dies., 24) geht. Dagegen verfolgt Religionsloses Christentum „eine wirklich ganzheitliche, integrale Spiritualität", die „personale und soziale Anliegen gleichermaßen" einschließt (vgl. dies., 24). „Sie muss sich ins Verhältnis setzen zu globalen Fragen, wie etwa dem Streben nach Gerechtigkeit, Frieden, Gewaltlosigkeit und ökologischer Ausgewogenheit" (dies., 24). Zu einer echten Spiritualität gehört, „dass man sich vom Selbst als dem Zentrum der Welt löst, dass man sich für den anderen Menschen verfügbar macht, dass man für eine andere Wirklichkeit offen ist" (dies., 26). Spiritualität könnte ein Widerstand gegen die Religionen im traditionellen Sinn sein (vgl. S. 28f.). Aber weil Spiritualität und Religion auf vielerlei Weise miteinander verbunden sind, könnten sie zur „Erneuerung" der Religion im traditionellen Sinn beitragen (vgl. S. 30ff.), damit es zu keiner Verschiebung der Spiritualität jenseits der Religion kommt.

Fakt ist, dass eine Spiritualität der Zukunft derzeit mehr an der Peripherie der Religionen existiert (etwas interpretierende Darstellung entlang der Ausführungen von U. King). Es gibt säkulare Spiritualitäten, die nicht ausdrücklich in Opposition zu den traditionellen Religionen formuliert wurden und dennoch diesen gegenüber distanziert bleiben (vgl. S. 35). U. King sieht aber auch „werdende Spiritualitäten", wo vergangene Spiritualitäten nicht nur wiedererweckt werden, sondern auch etwas originär Anderes mit Eigenleben erwacht. Der zukünftige Verlauf ist nicht sicher vorherzusagen (vgl. S. 37). Hier hat die neue Wahrnehmung der Natur und der ökologischen Frage große Bedeutung.

Bei Religionslosem Christentum sind Experten und Expertinnen des spirituellen Lebens nicht religiöse und spirituelle Spezialisten, Experten und Meister (vgl. King, 2010, 222), sondern tätige Menschen; Menschen, die einer Berufung nachgehen, und Menschen, die ein Lebensthema verfolgen. Dadurch finden wir zu einer Spiritualität, wo wir beginnen, Gottes Spuren unter dem Leben in Arbeit und Tätigkeit zu erfahren.

19. These: Religionslose Christen entdecken ein gutes Arbeits- und Tätigkeitsverständnis.

Im Religionslosen Christentum dreht sich Religion nicht ausschließlich um fromme Ideen, sondern macht auch Arbeit, Gemeinschaft, tiefe Solidarität mit den Arbeitenden, Gerechtigkeit und alternative Macht zu ihren Themen (vgl. Rieger/Henkel-Rieger, 2019, 30. 103. 115ff.). Im Religionslosen Christentum ist die Theologie viel stärker mit Themen und Aspekten der Arbeitswelt durchdrungen (vgl. S. 95). Um die abrahamische Tradition im Kern wirklich zu verstehen, wird Religion als Solidarität mit den Arbeitenden zu realisieren sein. Der Befreiungsgedanke meint Befreiung aus sklavenhaften Arbeitsbedingungen und ist nicht nur spirituell zu realisieren (vgl. S. 111). Religionsloses Christentum weiß darum, dass eine Religion, die sich von Gott Bilder macht, wo dieser ein unsichtbarer Chefmanager oder direkter Vorgesetzter ist, die Realität der Arbeitenden verfehlt – er könnte Arbeiter*in sein (vgl. S. 28, 34 und 92ff.). Hier wird die Spiritualität nicht gegen die gegenständliche Welt ausgespielt.

Spiritualität wird, wenn sie Arbeitende erreichen will, etwas mit Arbeit zu tun haben müssen (vgl. S. 24). Daher dürfen auch Sonn- und Feiertage nicht losgelöst von der Woche mit Arbeit sein (vgl. S. 97). Im Religionslosen Christentum ist Religion dann auf dem richtigen Weg, wenn die Bibel wieder im Licht der alltäglichen Kämpfe der Arbeitenden gelesen wird (vgl. S. 104). Im Religionslosen Christentum wird nicht eine solche Liebe zur Arbeit eingefordert, damit die Arbeitenden ausbeutbarer werden (vgl. S. 36). Die Religion des Kapitalismus ist die Anti-Religion, wenn sie das Sich-Zeit-Nehmen zum Beten verpönt, es als Zeitverschwendung betrachtet und Arbeit als Form des Betens verkündet.

Religionslose Christen/innen arbeiten nicht nur, um zu lieben und zu sorgen, sondern auch, um Frieden, Gerechtigkeit und Leben zu dienen.

Arbeit sollte „gute“ Arbeit sein. Dazu gehört, dass es in ihr nicht nur möglich ist, in den „Flow“ zu kommen, sondern auch, mit ihr Glück und

Lebensfreude zu erfahren. Darüber hinaus wären es glückliche Umstände, wenn Menschen ihr Arbeiten als Bestandteil eines Lebensthemas erfahren und dadurch vielfach das Arbeiten als sinnvoll erleben könnten. Die Arbeit sollte in dieser Hinsicht „spirituell" sein, dass die Menschen die Möglichkeit haben, der Allverbundenheit nachzuspüren. Indem sie so ihr „einzigartiges Design" pflegen und fördern, bringen sie durch ihre Arbeit ihre Allverbundenheit auch „geistlich-schöpferisch" zur Geltung.

Damit das Arbeiten immer mehr dem Frieden dient, muss eine Rüstungskonversion auf konvivialere Technik hin stattfinden. Dazu darf immer weniger mit Produkten gearbeitet werden, die auf Konfliktrohstoffen aufbauen. Das Prinzip der Gewaltlosigkeit muss in die digitalen Arbeitswelten einziehen und die Flüssigkeit des Wirtschaftens/Arbeitens muss mit ethisch gutem Geld sichergestellt werden.

Die Fürsorgeethik treibt die Care-Revolution voran. Das bedeutet nicht nur eine verstärkte gesellschaftliche Aufwertung der Care-Arbeit, sondern auch eine stärkere Inkorporation des Fürsorgeethos in Normalarbeitsverhältnisse. Die Arbeitsverhältnisse werden mit größerem Feingefühl für die wechselseitigen Abhängigkeiten der Menschen mit Leben erfüllt. Arbeitsverhältnisse werden daraufhin kritisch zu überprüfen sein, wie weit sie rücksichtslos mit der Verletzlichkeit der Menschen umgehen. Entsprechende Sicherungsmaßnahmen müssen ergriffen werden. Gearbeitet wird in Zukunft nur noch so, dass infolge von Verletzlichkeit keine weiteren Opfer entstehen. Das Wohlergehen einer Gesellschaft hängt von der Empathiekompetenz ab. Arbeitsverhältnisse müssen daher im umfassenden Maß von Empathiekompetenz bestimmt sein.

Mit Blick auf die Menschenwürde sind Erniedrigungen am Arbeitsplatz inakzeptabel und alle Handlungen sind zurückzuweisen, die das Menschliche missachten. Die Arbeit darf nicht so gestaltet sein, dass der Mensch als Objekt und Mittel zum Zweck missbraucht wird. „Versklavte" Existenzen darf es in der Arbeitswelt nicht mehr geben. Kinderarbeit darf um Gottes Willen nicht sein. Gerechte Löhne müssen sein. Prekäre Beschäftigungsverhältnisse sind abzubauen.

Gesellschaftliche Arbeit/Tätigkeit ist wichtig; sie macht das Leben reicher, lebenswerter, friedlicher und gerechter. Sie trägt zu dem Gelingen einer guten Demokratie bei.

Bildung muss „umfassende Bildung“ bleiben, um zur vernünftigen ethischen Lebensgestaltung zu befähigen. Bildung ist dazu da, die Menschen weiterhin zu stärken und zu befähigen, Beziehung und Zusammenleben in guter Weise zu gestalten, um mündig und selbstbewusst am gesellschaftlichen Leben teilzuhaben. Sie wird weiterhin dazu beitragen, den freien Menschen zu stärken.

Es gibt eine nicht institutionell zu ersetzende liebende Care- und Haushaltsarbeit im familiären Kontext. Sie gewinnt ihre Bedeutung dadurch, dass „atmende Lebensverläufe“ ermöglicht und sichergestellt werden. Hier sind Männer und Frauen gleichermaßen gefordert sich einzubringen und dieses Handlungsfeld mit den eigenen Gaben zu bereichern.

Die Wertschätzung der Mußezeit ist das Gegenteil von gnadenlosem Leistungsdenken. In der Mußezeit werden Menschen frei zur Selbst-Fürsorge, Selbst-Achtsamkeit und zu weiteren Möglichkeiten der Selbst-Entfaltung.

Arbeit in der Postwachstumsgesellschaft wird ein Arbeiten mit den Reproduktionszeiten der natürlichen Stoffkreisläufe und den ökologischen Belastungsgrenzen sein. (Anonyme) Religionslose Christen schreiten auf diesem Weg voran. Beim Arbeiten in der Postwachstumsgesellschaft kehren wir in gewissem Grad in die Vergangenheit zurück – es gibt einerseits ein geschrumpftes modernes Segment mit Lohnarbeit, andererseits ein postmodern-traditionelles Segment in Landwirtschaft, Handwerk und Dienstleistung, wo auf niedrigem Automatisierungs- und Spezialisierungsniveau für regionale Märkte und Selbstversorgung gearbeitet wird. Commons spielen in dieser Arbeitswelt eine große Rolle.

Die Arbeitsverhältnisse werden das demokratische Projekt nicht mehr unterlaufen und aushöhlen, sondern darüber hinaus einen Beitrag leisten, es zu intensivieren und zu radikalisieren (vgl. Winker, 2015, 165ff.).

Hinsichtlich eines Wandels der Arbeitswelt – auch mit konvivialer Technik, stärkerer Selbstversorgungstätigkeit, einer gewissen De-Globalisierung der Arbeitswelt (vgl. schon M. Gandhi), einer Aufgabe der kapitalistischen Lebensweise etc. – sei auf die Entwicklungen bei der Gemeinwohlökonomie (Felber), die solidarische Ökonomie von Degrowth- und Transition-Town-Bewegung sowie von weltweiten ökologischen Dörfern, die Impulse der Basisgemeinschaften und auf Diskussionen sowie Erfahrungsaustausch in den Weltsozialforen hingewiesen.

20. These: Religionslose Christen lassen den leidenden Menschen nicht allein.[13]

Der Religionslose Christ beschönigt oder verklärt nicht die Welt der Menschen im Leid. Er lässt nichts aus und nimmt leidsensibel das ganze Panorama menschlichen Leids in den Blick (vgl. Mierzwa, 2011). Christlich ist es, nicht wegzuschauen angesichts von Leid und sich „gefährlich" zu erinnern (vgl. J. B. Metz).

Aber wie ist die Stellungnahme des Religionslosen Christen zum Leiden?

Er/sie sagt zunächst, dass menschliches Leben unauflöslich mit Leiden verbunden ist. Am Leiden kommt kein Mensch vorbei. Man muss lernen, sich dazu zu verhalten. Aber wie? Dazu fünf Antworten:

1. Man darf nicht alles Leiden innerhalb einer Wirklichkeit-im-Ganzen als sinnvoll einordnen.
2. Man darf verzweifelt sein angesichts von Leid, ohne dass dadurch notwendigerweise der Gottesglauben gefährdet wird.
3. Man darf gegenüber Gott Verfluchungen von Feinden/Tätern aussprechen (vgl. Ps 10,15), die einem unermessliches Leid zufügten, wenn dieses in therapeutisch-seelsorglichem Kontext dazu beiträgt, dass keine falschen Schuldgefühle und kein falsches Bewusstsein von Mittäter*innenschaft aufkommen.
4. Man darf seufzen, weinen, zittern, schreien angesichts von Leid, um seiner Erschütterung Ausdruck zu verleihen und die Mit-Menschen zu Solidarität, Mitgefühl und Mit-Leid zu ermutigen.
5. Man kann versuchen, die Haltung des Sterblich-Handelns einzunehmen.

Und wie ist Gott / die göttliche Macht zu glauben angesichts von Leid? Gott ist im Erbarmen, wo sich den Leidenden hin- und zugewendet wird, an ihnen sich eine rettende Nähe und Macht erweist (siehe Exodus-Erfahrungen), auch indem sich den Leidenden solidarische Mit-Menschen zuwenden.

Die göttliche Macht zeigt sich den Leidenden auch darin, dass sich rettende Wege aufzeigen, die manchmal paradox erscheinen (vgl. die Seligpreisungen Jesu und seine Empfehlungen der Gewaltlosigkeit). Mit Gott wird auf eine mehrdimensionale Wirklichkeit verwiesen und verdeutlicht, dass es Alternativen und neue Wege aus dem Leiden heraus, aus einer neuschöpferischen Kraft heraus gibt, auch wenn diese zunächst ihren Anfang in der Rebellion nehmen kann.

Gott ist der ansprechbare Gott in der Klage, die auch von Vertrauen auf Gottes Gegenwart zeugt. Man darf angesichts von Leid klagen (vgl. Ps 13,1 und Hiob) – das ist eine sinnvolle Weise zu glauben.

Gott ist aber auch im Mitleiden, im Mitsterben am Kreuz, sodass der/die Leidende nicht alles allein auszuhalten hat (vgl. D. Sölle, 1973/ 2018, 169 und 171)

Ist der leidende Mensch, der sich ganz Gott anvertraut, passiv? Wenn er der Versuchung eines Suizids nicht nachgibt, dann zeugt er von einer Hoffnung, dass Beziehung weiterhin gelebt werden kann, dass zu lieben sinnvoll möglich ist, dass der „Seelenmord" nicht gelingen konnte, weil er/sie an Gott glaubte.

Das Sich-Aufbäumen im Verfluchen kann Ausdruck einer Widerstandskraft sein, die ein eigener kooperativer Beitrag des/der Leidenden ist, wenn im Sinn von Empowerment auf ihn/sie zugegangen wird.

Die Klage ist Praxis, eine Praxis, die vor der Apathie im Leiden bewahrt. Mit der Klage bewahrt sich der/die Leidende die Chance, in das Handeln zu finden, den ersten Schritt zum Ausweg aus dem Leiden zu gehen.

Man kann auch die Ursachen des Leidens benennen und verurteilen. Man kann die Täter identifizieren und Wirkungszusammenhänge aufdecken. Man kann offenlegen, was tatsächlich der Geschehenszusammenhang war. Dadurch wird der gefährliche Hang in der Gesellschaft zur Gleichgültigkeit ausmanövriert.

Ein letzter Aspekt, damit die Leidenden als Leidende nicht allein bleiben: Mit Dorothee Sölle (sprich Simonow) müssen wir in die Empathie zu den Leidenden finden, um sagen zu können: „Es gibt kein Leid, das fremdes Leid ist“ (D. Sölle, 1973/2018, 196). Wo die Menschen empathisch sind, kommen sie dazu festzustellen, dass es kein fremdes, kein fernes, kein uns nichts angehendes Leid gibt. Mit Empathie kommt es nicht dazu, dass wir uns von „anderen“ Leidenden abnabeln.

21. These: Religionslose Christen tendieren zur Gewaltlosigkeit.

In allen Religionen gibt es Traditionen der Gewaltlosigkeit resp. der Gewaltfreiheit. Bei näherem Hinsehen sind diese Beispiele gelebter Gewaltlosigkeit/Gewaltfreiheit eingebettet in eine religionslose Art und Weise, den Glauben zu leben.

Für den Islam verweise ich auf das Zeugnis von Abdul Ghaffar Khan (2012) unter den Paschtunen. Dieser begründete zur Zeit der Kolonialherrschaft der Briten auf dem indischen Subkontinent die Khudai-Khidmatgar-Bewegung (Diener der guten Bewegung), um sich von den Fesseln der Kolonialherrschaft zu befreien. Wer ein Khudai-Khidmatgar werden wollte, musste schwören, sich der Gewalt und Rache zu enthalten, aber auch anti-soziale Gewohnheiten und Praktiken zu lassen. Überdies sollte man versprechen, sich vom Bösen fernzuhalten, kein Leben des Müßiggangs zu führen und wenigstens zwei Stunden am Tag sozialer Arbeit zu widmen (vgl. S. 90). Damit die Saat der Idee der Gewaltfreiheit unter den Paschtunen aufging, arbeitete Abdul Ghaffar Khan daran, dass sie ein Gefühl für ihre eigene Sprache entwickelten und diese lieben lernten. Bei den Paschtunen sollte der Sinn für ihre Würde (über die Sprache) und ihre Kultur geweckt werden (vgl. S. 83f.).

Ein Bestandteil der Gewaltlosigkeit war, im Sinne der Goldenen Regel die religiösen Bräuche anderer Religionen zu tolerieren und zu respektieren. Wenn man will, dass die eigenen religiösen Bräuche akzeptiert werden, muss man auch den Anderen zugestehen, ihre religiösen Bräuche zu kultivieren (vgl. S. 97). Die von Abdul Ghaffar Khan initiierte gewaltfreie Bewegung machte die Menschen furchtlos und tapfer. Gandhi sah, dass die Paschtunen viel eher als Hindus zur Gewaltfreiheit fähig waren, weil sie tapfer und mutig waren (vgl. S. 169). Mit seiner Bewegung warb Khan für Liebe und Brüderlichkeit unter den Menschen. Die gewaltfreie Bewegung läutete eine positive Bewegung in Kunst, Kultur, Dichtung und dem gesamten Gemeinschaftsleben ein.

Die gewaltfreie Bewegung kümmerte sich tatsächlich um das Wohlergehen des Landes – Arbeitsmöglichkeiten, Bildung, Gesundheitsinfrastruktur usw. (vgl. S. 124f.). Die Khudai-Khidmatgar-Bewegung war aber nicht nur eine politische Bewegung, sie war auch spirituell orientiert (vgl. S. 128). Die Khudai-Khidmatgars wurden zu Märtyrern für ihre Botschaft der Gewaltfreiheit (vgl. S. 103). Weit über 100.000 Khudai-Khidmatgars wurden gezählt (vgl. S. 118). Um im Islam den Weg zur Gewaltfreiheit zu finden, muss man selbst denken beim Lesen des Korans und darf nicht ausgetretenen Pfaden folgen (vgl. S. 68).

Für den Hinduismus weise ich auf die „Philosophie" M. Gandhis hin (nach Næss in: Vintagen, 2017, 578ff.). Danach darf man niemals zur Gewalt gegen Gegner greifen und muss die Tendenz zur Gewalt aller am Kampf beteiligten Parteien reduzieren. Im Interesse eine Konfliktreduzierung ist es, mit den Menschen zusammenzuleben und mit ihnen gemeinsam konstruktiv zu arbeiten. „Wenn du mit denen, für die du in erster Linie kämpfst, zusammenlebst und konstruktiv arbeitest, schafft das eine natürliche Grundlage für Vertrauen und Zutrauen zu dir" (S. 580). Die Zusammenarbeit an gemeinsamen Zielen vermindert die Wahrscheinlichkeit, dass Handlungen und Haltungen der Konfliktteilnehmer gewaltsam werden. Wenn der Gegner gedemütigt und provoziert wird, läd das zur Gewalttätigkeit ein. „Genaues Verständnis der wichtigen Tatsachen und Faktoren vergrößert die Chance für eine gewaltfreie Verwirklichung des Ziels deiner Kampagne" (S. 581). Ungünstig für gewaltfreies Handeln sind Unvollständigkeit und Verzerrung bei der Beschreibung des Falles und Kampfplanes, Heimlichkeit, fehlende Transparenz bezüglich des eigenen Verhaltens. Du gewinnst, wenn du den Gegner in eine Person verwandelt, die an deine Sache glaubt und sie aktiv unterstützt. Wenn du konstruktiv für die Mitmenschen arbeitest, trägt das zur Gewaltfreiheit bei. Das bestmögliche Verständnis der Tatsachen und Fakten, die unvoreingenommene Darstellung der Fakten usw. unterstützen gewaltfreie Lösungen bei Konflikten. „Entziehe dem Übeltäter das beabsichtigte Opfer" (S. 583). „Suche den persönlichen Kontakt mit deinem Gegner und sei für ihn erreichbar. Bringe Gruppen, die miteinander einen Konflikt haben, in persönlichen Kontakt miteinander" (S. 583).

Man darf den Gegner nicht strenger beurteilen als sich selbst!
Vermeide nötigendes Verhalten!
Werde nicht übergriffig auf das Eigentum des Nächsten!
Zerstöre nicht fremdes Eigentum!
Gehe bei Unwesentlichem Kompromisse ein!
Sei aufrichtig!

Gewaltfreiheit ist nicht ohne Empathie / Einfühlung in den Gegner zu haben – diese ist zu entwickeln und zu fördern (vgl. S. 585). Schwäche des Gegners im Konflikt darf nicht ausgenutzt werden. Und man muss bereit sein für die Sache, für die man eintritt, Opfer zu bringen und zu leiden (vgl. S. 585).

Unter Rückgriff auf das Zeugnis von Jesus, aber auch inspiriert von diesen Beispielen, gibt es ein christliches Verständnis der Gewaltfreiheit. Gewaltlosigkeit bedeutet angesichts machtstarker Herrschaftsverhältnisse, einen dritten Weg zu suchen, „einen Weg, der weder Unterwerfung noch Angriff, weder Kampf noch Flucht" (Wink, 1999/2014, 98) ist. „Haltet die andere Wange hin und zeigt dadurch dem, der euch mit dem Handrücken schlägt, dass er euch nicht länger beschämen und euch Unterwürfigkeit aufzwingen kann. Marschiert splitternackt aus dem Gerichtssaal und kehrt dadurch die Kraft des Gesetzes und der ganzen Verschuldungswirtschaft wie durch einen geschickten Judoangriff in einer Parodie der Legalität um" (ders., 99; vgl. S. 106 mit dem Beispiel eines Jungen, der auch diesen dritten Weg fand).

Gewaltlosigkeit bedeutet, weder Zwang noch andere gewaltsame Mittel zur Durchsetzung „höherer Ziele" zu benutzen. Ist man zum Opfer in einem Kampf um eine „bessere Sache" geworden, soll man, wenn sich die Dinge gewendet haben, frei von Bitterkeit und Rachsucht handeln (ders., 101f.). Gewaltfrei Handelnde respektieren die Rechtsstaatlichkeit. Die Achtung vor dem Gesetz hat einen hohen Stellenwert, sodass man in dem gewaltlosen Kampf auch eine Verurteilung inkauf nimmt. „In der Nachfolge Jesu sollten auch wir uns stetig weigern, ungerechten Gesetzen Folge zu leisten. Indem wir aber die Strafe des Rechtssystems auf uns nehmen, bestätigen wir unsere Bereitschaft, für das höhere Gesetz zu leiden, das nach unserem Entschluss das herrschende Gesetz transformieren soll" (ders., 103).

Gewaltfrei handeln bedeutet auch, darauf zu verzichten, „Böses mit Bösem zu vergelten, das Übel einfach widerzuspiegeln, es mit gleicher Münze heimzuzahlen" (ders., 109). Dadurch wird verhindert, dass wir uns in das verwandeln, „dem wir entgegentreten". Gewalt führt in eine Abwärtsspirale und erzeugt genau das, was sie zerstören will.

Gewaltlosigkeit meint zugleich, sich aktiv der gesellschaftlichen Gewalt zu widersetzen resp. gegen Gewaltverhältnisse ein Widerstandszeugnis abzulegen: bei Kindern kein Missbrauch und keine Schläge;[14] bei Frauen keine Vergewaltigung, keine körperliche Gewalt, keine Misshandlung; bei Männern keine männliche Dominanz und kein weiterer Krieg (vgl. ders., 125). Gewaltlosigkeit heißt, den Anderen, zumal wenn er gewalttätig ist, als Mensch behandeln (vgl. ders., 128f.). Das gilt auch für den Feind, der nicht zum Ausgestoßenen gemacht werden darf (vgl. ders., 138f.). Gewaltlosigkeit bedeutet, wir sind gegenüber Feinden zu einer nicht diskriminierenden, vergebenden und verständnisvollen Haltung aufgerufen (vgl. ders., 141). Wir müssen dem Feind die Gelegenheit geben, die eigene Menschlichkeit wiederzuerlangen (vgl. ders., 145).

Was kann man als Fazit aus den Überlegungen zur Gewaltfreiheit/Gewaltlosigkeit ziehen? Eine gewaltfreie Person „entmenschlicht" nie eine andere Person. „Dies gilt selbst für den Fall, dass sie selbst unter Einsatz ihres Lebens gegen diese Person Widerstand leistet" (Nagler, 2008, 15).

Gewaltfreie Menschen setzen sich aktiv für das Wohlergehen ihrer Gegner ein. Damit das gelingt, achten sie auf die Bedürfnisse des Anderen und ringen darum, negative Gefühle zu überwinden. Sie sind auf beständiger Suche nach einer wirkungsvollen Veränderung der Situation, damit erst gar nicht Gewalt generiert wird. Auch suchen sie beständig nach einer gemeinsamen Ebene mit dem potenziellen Gegner, um das Problem gemeinsam zu bewältigen.

Gewaltfreie Menschen sind in ihrer Überzeugungsarbeit leidensfähig, um das Herz anzusprechen.

Gewaltfreie Menschen haben ebenfalls die Bereitschaft, den letzten Preis zu zahlen, um eine Situation zu retten. „Gewaltfreie Aktivisten opfern nie Grundsätze, sind aber immer bereit, Taktiken zu ändern" (ders., 26) – etwas abweichend zu Gandhi. Daraus resultiert eine „unnachgiebige Ausdauer". In den Mitteln entscheidet sich für den gewaltfrei Handelnden das Ziel; deswegen dürfen die Mittel z.B. niemanden, auch im übertragenen Sinn, verletzen.

Gewaltfreie Menschen greifen nach dialogisch angelegten Aktionen. Sie suchen den Dialog, bauen Brücken.

Gewaltfreie Menschen bieten konstruktive Lösungen resp. Programme an. Sie sind zu Vergebung und Versöhnung fähig.

Gewaltfreie Menschen zeichnen sich durch besondere Standfestigkeit und Unbeirrbarkeit aus. Aber auch Mut prägt ihr Verhalten.

Gewaltfreie Menschen suchen die Co-Evolution auf eine liebevolle Gemeinschaft hin.

22. These: Religionsloses Christentum weiß um die Bedeutung der Kultur beim gesellschaftlichen Wandel.

Simone Weil entwickelt schon früh ein Gespür für die Probleme eines Kulturimperialismus durch die Kolonialmächte resp. für die Tragik der Völker, wenn sie nicht die Chance zu kultureigener Entwicklung haben (vgl. Schrupp, 2009, 3).

Die Forschungsgruppe Ethisch-ökologisches Rating (Federführung: Johannes Hoffmann / 2016) weist auf die große Bedeutung der Kulturverträglichkeit technischer, ökonomischer und sozialer Prozesse hin. In den Kulturen ist ein (Ordnungs-)Wissen enthalten, das den Gesellschaften die Fähigkeit verleiht, auftretende soziale und ökologische Probleme zu lösen. Dieses kulturelle Wissen gilt es zu mobilisieren, um die auftretenden Probleme in „gewisser Weise" zu lösen. Die Kultur in ihrem Ordnungswissen besitzt eine Kraft, auf zerstörerische Wirtschafts- und Technikentwicklungen so zu reagieren, dass die sozialen Lebensgrundlagen nicht mehr gefährdet sind. Die Zivilgesellschaft hat das Potenzial, dazu beizutragen, dass Kultur wieder als „übergreifender Lebensentwurf" verstanden wird und das internalisierte kulturelle Ordnungswissen wieder gestärkt wird. Es gibt keine globalisierte Kultur, sondern nur „Kultur**en**" der Nachhaltigkeit. Die kulturelle Vielfalt zu erhalten und zu fördern ist im Sinne einer nachhaltigen Entwicklung zugunsten zukünftiger Generationen wichtig (vgl. dies., 2016, 31-36).

Auf die mentalen Infrastrukturen, die eine imperiale Lebensweise befördern, kann man nur mit kulturellem Wandel reagieren, wo die Bildungspraxis anders wird, indem sie neue Denkweisen initiiert, wo auf Werbung verzichtet wird oder die Infrastruktur der Städte sich verändert (z.B. das Problem der vielen Supermärkte, vgl. I.L.A. Kollektiv, 2019, 90-98).

Damit das Reich Gottes stärker Wirklichkeit wird, kann man in Anschluss an Dorothee Sölle feststellen: Es ist nötig, dass die Kulturen in ihrer Einzigartigkeit und Andersartigkeit zu ihrem „Recht" in der gesellschaftlichen

Entwicklung kommen. Das Reich Gottes verkörpert die kulturellen und religiösen Differenzen menschlicher Existenz. Auf Basis der kulturellen Differenzen entsteht erst die Pluralität in der Welt der Menschen, wodurch der Überschuss an Fragen, Hoffnungen und Träumen vom Reich Gottes möglich wird (vgl. zu D. Sölle: Tremel, 2004, 78-81.77).

Nicht alles, was es in den Kulturen gibt, kann man weitertragen. Kulturen müssen sich den Ansprüchen der Menschenwürde, der Menschenrechte, der Geschlechtergerechtigkeit, der internationalen Solidarität usw. stellen.

LITERATURVERZEICHNIS

BAAS, Britta: Schenkt ihnen nicht eure Angst!, S. 12-15, in: Publik Forum 12/2016

BENK, Andreas: Schöpfung – eine Vision von Gerechtigkeit. Was niemals war, doch möglich ist, Ostfildern 2016

BERTELMANN, Brigitte/HEIDEL, Klaus (Hg.): Leben im Anthropozän. Christliche Perspektiven für eine Kultur der Nachhaltigkeit, München 2018

BETTINGER, Armin: Leben im Alltag der Gegenwart: Herausforderung an die christliche Spiritualität. Grundlegung und Kriterien gegenwartsbezogener Alltags-Spiritualität, Würzburg 1995

BIRCH, Bruce C./RASMUSSEN, Larry: Bibel und Ethik im christlichen Leben, Gütersloh 1993

BOFF, Leonardo: Die Neuentdeckung der Kirche. Basisgemeinden in Lateinamerika, 1980

DERS.: Zukunft für Mutter Erde. Warum wir als Krone der Schöpfung abdanken müssen, München 2012

BOHMEYER, Michael / CORNELSEN, Claudia: Was würdest du tun? Wie uns das Bedingungslose Grundeinkommen verändert – Antworten aus der Praxis, 2019

BUCHER, A.A. / BÜTTNER, G. / FREUDENBERGER-LÖTZ, P. / SCHREINER, M. (Hg.): Jahrbücher für Kindertheologie, Stuttgart 2002ff.

BUCHGRUPPE OFFENE ARBEIT (Hg): Alles verändert sich, wenn wir es verändern, 2014

BUDE, Heinz: Gesellschaft der Angst, Hamburg 2014

BUTTERWEGGE, Christoph: Die politische Repräsentation von Armen und Reichen – ein Problem für die Legitimation der Demokratie?, S. 27-52, in: LINDEN/THAA (Hg.), 2014

BUTTING, Klara und STEFFENSKY, Fulbert (im Gespräch): Die Seele entstauben (Focus Biblische Spiritualität), S. 19-23 in: JUNGE.KIRCHE 2/2009

COENEN-MARX, Cornelia: Empathie und Solidarität – Christsein und Kirche in der Zivilgesellschaft, unter: http://www.seele-und-sorge.de/?page_id=1602, abgerufen am 1.1.2019

DIES.: Solidarität braucht Empathie. Zum Verhältnis von Barmherzigkeit und Gerechtigkeit in Zeiten des Wandels, unter: https://www.evangelische-aspekte.de/solidaritaet-braucht-empathie, abgerufen am 1.1.2019

DEITELHOFF, Nicole / LIEßMANN, Heike / BAUEROCHSE, Lothar u.a. (Hg.): Mächtige Religion. Begleitbuch zum Funkkolleg Religion Macht Politik, Frankfurt/Main 2019

DRAMM, Sabine: Dietrich Bonhoeffers „religionsloses Christentum" – eine überholte Denkfigur?, S. 308-320, in: GREMMELS/HUBER (Hg.), 2002

ENZNER-PROBST, Brigitte: Kreative Erlösung. Eine Perspektive auf Schöpfungstheologie und Christologie aus der liturgischen Praxis von Frauen; S. 22-42, in: DIES./MOLTMANN-WENDEL (Hg.), 2013

DIES./MOLTMANN-WENDEL, Elisabeth (Hg.): Schöpfungsspiritualität lehren, lernen und leben. Theologische Aspekte – Praktische Impulse, Ostfildern 2013

EURICH, Claus: Spiritualität und Ethik. Auf dem Weg zu einem Ethos des Einsseins, Stuttgart/Zürich 2003

FEIGE, Andreas / GENNERICH, Carsten: Lebensorientierungen Jugendlicher. Alltagsethik, Moral und Religion in der Wahrnehmung von Berufsschülerinnen und -schülern in Deutschland, Münster 2008

FELBER, Christian: Die innere Stimme. Wie Spiritualität, Freiheit und Gemeinwohl zusammenhängen, Oberursel 3(2016)

FISCHER, Johannes / GRUDEN, Stefan / IMHOF, Esther / STRUB, Jean-Daniel: Grundkurs Ethik. Grundbegriffe philosophischer und theologischer Ethik, Stuttgart 2007 und 2/2008

FLÖTTMANN, Holger Bertrand: Angst. Ursprung und Überwindung, Stuttgart 2011

FORSCHUNGSGRUPPE ETHISCH-ÖKOLOGISCHES RATING (Federführung: Johannes Hoffmann, Hg.): Systemänderung oder Kollaps unseres Planeten. Erklärung der Forschungsgruppe Ethisch-Ökologisches Rating der Goethe-universität Frankfurt – Arbeitskreis Wissenschaft, Erkelenz 2016

FOX, Matthew: Vision vom kosmischen Christus. Aufbruch ins 3. Jahrtausend, Stuttgart 1991

FULL, Gisela: Aufwachen – mitten im Leben?; S. 153-170 in: HÖLZEL/BRÄHLER (Hg.), 2015

FÜLLING, Claudia: Theologische Wirtschaftsethik der Empathie. Grundlagen, Neuakzentuierung, Perspektiven zur Bedeutung von Empathie für moralisches Handeln als Beitrag im wirtschaftsethischen Diskurs und für Bildungsprozesse, unter: http://www-brs.ub.ruhr-uni-bochum.de/netahtml/HSS/Diss/FuellingClaudia/diss.pdf, abgerufen am 29.12.2018

FÜNFSINN, Bärbel / ZINN, Christa (Hg.): Das Seufzen der Schöpfung. Ökofeministische Beiträge aus Lateinamerika, Hamburg 1998

GALESKI, Bernd: Erziehung im Namen Gottes. Wie Eltern Kindern Leid zufügen, Baden-Baden 2019

GEBARA, Ivonne: Eine neue Sinnentschlüsselung. Die Trinität und die menschliche Erfahrung, S. 124-135, in: FÜNFSINN/ZINN (Hg.), 1998

GLOBIG, Christine: Care als Konzept der theologischen Ethik, S. 107-119 in: WAIDELICH/BAUMGARTEN (Hg.), 2018

GOLLWITZER, Helmut, in: SCHOTTROFF, Willy / STEGMANN, Wolfgang: Traditionen der Befreiung (1), München 1980

GORZ, André: Arbeit zwischen Misere und Utopie, Frankdurt/Main 2000

GOTTSCHLICH, Daniela / KATZ, Christine: Caring with nature/s. Care als Transformationspraxis für die Gestaltung gesellschaftlicher Naturverhältnisse, S. 83-105 in: WAIDELICH/BAUMGARTEN (Hg.), 2018

GREMMELS, Christian / HUBER, Wolfgang (Hg.): Religion im Erbe. Dietrich Bonhoeffer und die Zukünftigkeit des Christentums, Gütersloh 2002

GUNDERT, Sabrina: Leben wie die ersten Christen? Ein Besuch bei der christlichen Basisgemeinde Wulfshagenerhütten in: oya 23/2013, unter: https:/oya-online.de/article/read/1163-leben_wie_die_ersten_christen.html, abgerufen am 19.10.2018

GÜTTER, Ruth: Freiheit zur Begrenzung. Protestantisch-theologische Impulse für eine Kultur der Nachhaltigkeit, S. 271-279, in: BERTELMANN/HEIDEL (Hg.), 2018

HÄMER, Andreas: Zu eigenen Ohnmacht stehen. Friedensaktivität im Spannungsfeld zwischen Pessimismus und Hoffnung, S. 5-6 in: Versöhnung, Rundbrief 1/2016

HÄRING, Hermann: Konflikt- und Gewaltpotentiale in den Weltreligionen? Religionstheoretische und theologische Perspektiven, S. 14-48 in: HEMPELMANN (Hg.), 2002

HEINE, Susanne: Keine Angst vor den Ängsten. Zur Dynamik der Angst und deren Überwindung, S. 87-101 in: KÖRTNER (Hg.), 2001

HEMPELMANN, Reinhard (Hg.): Religionen und Gewalt, EZW-Texte Nr. 167/2002

HERMS, Eilert: Der Beitrag der Kirchen zur christlichen Kultur der Nachhaltigkeit, oder: Die christliche Kultur der Nachhaltigkeit; S. 229-245 in: BERTELMANN/HEIDEL (Hg.), 2018

HOFSTETTER, Simon: Dietrich Bonhoeffer und das „Religionslose Christentum", unter: http://www.simon-hofsteller.ch/wp-content/uploads/2014/01/bonhoeffer-arbeit.pdf, abgerufen am 12.9.2016

HÖLZEL, Britta / BRÄHLER, Christine (Hg.): Achtsamkeit mitten im Leben. Anwendungsgebiete und wissenschaftliche Perspektiven, München 2015

HUBER, Wolfgang: Die Rolle der Kirchen als intermediärer Institution in der Gesellschaft, unter: https://www.ekd.de/print.php?file=/gesellschaft/huber-v5.html, abgerufen am 28.3.2017

DERS.: Friedensethische Überlegungen zum Thema Wiedervereinigung, unter: https://www. ekd.de/090918_huber_korea_friedensethik.htm, abgerufen am 2.1.2019

HÜTTER, Reinhard: Evangelische Ethik als kirchliches Zeugnis. Interpretationen zu Schlüsselfragen theologischer Ethik in der Gegenwart, Neukirchen-Vluyn 1993

I.L.A. KOLLEKTIV (Hg.): Das Gute Leben für alle. Wege in die solidarische Lebensweise, München 2019

IMHOF, Fritz: „Religionsloses Christentum". Bonhoeffer und sein Einfluss auf die Vineyard, 2 Seiten (05.04.2017), unter: https://www.jesus.ch/themen/kirche_und_co/interkulturelles_mission/307489-bonhoeffer_und_sein_einfluss_auf_die_vineyard.html, abgerufen am 22.06.2019

JÄGER, Willigis: Über die Liebe, München 3/2010

JÖRNS, Klaus-Peter: Lässt Gott leiden?, Gütersloh 2013

KAUFER, Nelly / OSMER-NEWHOUSE, Carol (aus dem Amerikanischen von Annette Charpentier): Handbuch Weibliche Spiritualität. Ein wegweiser für Frauen, München 1994/1999

KHAN, Abdul Ghaffar (aus dem Englischen von Ingrid von Heiseler): Mein Leben. Autobiographie. Wie ein Weggefährte Gandhis die Gewaltfreiheit im Islam begründet, Bonn 2012

KING, Ursula (übersetzt von Michael Lauble): Auf der Suche nach Sinn und Erfüllung. Eine Spiritualität für die Welt von heute, Oberursel 2010

KOMLOSY, Andrea: Arbeit. Eine globalhistorische Perspektive. 13. bis 21. Jahrhundert, Wien 4(2015)

KOPP, Bernd: Sie herrschen mit Gott, S. 27f. in: Publik-Forum 4/2019

KÖRTNER, Ulrich H. J. (Hg.): Angst. Theologische Zugänge zu einem ambivalenten Thema, Neukirchen-Vluyn 2001

DERS.: Das Neue Testament als Quelle theologischer Ethik. Anmerkungen zum Verhältnis von theologischer Ethik und neutestamentlicher Wissenschaft aus systematisch-theologischer Sicht, S. 287-300 in: Zeitschrift für Evangelische Ethik 4/2011

KRÄMER, Hans Leo (Hg.): „Der Horizont unserer Handlungen: den Zusammenbruch des Kapitalismus denken" (André Gorz). Kongress über die Ideen von André Gorz 15. und 16. Februar 2013 in Saarbrücken, Saarbrücken 2013

KRESS, Christine: Gottes Allmacht angesichts von Leiden. Zur Interpretation der Gotteslehre in den systematisch-theologischen Entwürfen von Paul Althaus, Paul Tillich und Karl Barth, Neukirchen-Vluyn 1999

KROEGER, Matthias: „Was bleiben will, muss sich ändern." Zur Legitimität einer Reform in Herzstücken des christlichen Glaubens (Schriften zur Glaubensreform/Band 6), Gütersloh 2(2016)

LEIDINGER, Miriam: Verletzbarkeit gestalten. Eine Auseinandersetzung mit „Verletzbarkeit" anhand der Christologien von Jürgen Moltmann, Jon Sobrino und Graham Ward, Regensburg 2018

LINDEN, Markus / THAA, Winfried (Hg.): Ungleichheit und politische Repräsentation, Baden-Baden 2014

LINK-WIECZOREK, Ulrike: Verzweiflung im Leiden und Ringen um den Glauben, S. 20-46 in: LINK-WIECZOREK/MIGGELBRINK/SATTLER u.a.: Nach Gott im Leben fragen. Ökumenische Einführung in das Christentum, Gütersloh/Freiburg i.Br. 2004

LÓPEZ, Yayo Herrero: Ökologische Krise und Sorgekrise hängen zusammen, unter: http://www.bzw-weiterdenken.de/2018/01/oekologische-krise-und-sorgekrise-haengen-zusammen, abgerufen am 5.12.2018

MacQUEEN, Graeme (aus dem Englischen von Ingrid von Heiseler): Spiritualität und Frieden, Wolfsburg 2014? (als eBook: Dateiausdruck)

MAYER, Karoline: Das Geheimnis ist immer die Liebe. In den Slums von Chile, Freiburg i.Br. 2006

DIES.: Liebevolle Gebote für ein erfülltes Leben, München 2013

DIES.: Jeder trägt einen Traum im Herzen. Von der Kraft, die alles ändern kann, Freiburg i.Br. 2015

MEIER-GRÄWE, Uta: Armut von Kindern: Welche Bedeutung hat die Förderung von Resilienz?, S. 27-40 in: Irina Bohn (Hg.): Dokumentation der Fachtagung „Resilienz – Was Kinder aus armen Familien stark macht" am 13. September 2005 in Frankfurt M. (ISS-Aktuell 2/2006, Institut für Sozialarbeit und Sozialpädagogik, Frankfurt M.)

MIERZWA, Roland: Soziale Aspekte des Leidens. Ästhetisch-exegetische, etymologische, medizinische, sozialwissenschaftliche und philosophische Aspekte, Norderstedt 2011

DERS.: Compassion – zwischen Mit-Leid, Mitgefühl und Barmherzigkeit, Hamburg 2014

DERS.: „Option für die Armen" angesichts der Globalisierung. Der Konsultationsprozess der deutschen Kirchen zu wirtschaftlichen und sozialen Fragen, Norderstedt 2016

DERS.: Bildung auf der Seite d. Armen, Arbeitslosen u. Benachteiligten, Norderstedt 2016b

DERS.: Menschsein unter Mitmenschen. Strukturelemente einer Theorie der Solidarität, Erkelenz 2017

DERS.: Lebensbilder. Konturen diakonischen Handelns. 16 Kurzporträts, Kiel 2017b

DERS.: Die Realität von Hartz IV. Gegenwart und nachhaltige Perspektiven des Umgangs mit Armut, Baden-Baden 2018a

DERS.: Demokratie und Zivilgesellschaft, Baden-Baden 2018b

DERS.: Künstlerische, philosophische und theologische Archäologie zum „Religionslosen Christentum" nach Dietrich Bonhoeffer. Namen, die was sagen, Baden-Baden 2018c

DERS.: Andacht „Sterblich handeln" in: Evangelisch-lutherische Diakoniegemeinschaft zu Flensburg (Hg.): Andachten (mit Fotografien von Günter Harmeling), Kiel 2018d

DERS.: Der Mensch und das Gewissen. Positionen und Anmerkungen zu Gewissenstheorien und zur Gewissensbildung, Erkelenz 2019

DERS.: Das Leiden an der inneren Einsamkeit. Worte als Weg aus der Isolation, S. 9-10 in: 29. Rundbrief der Diakoniegemeinschaft/April 2919

MOLTMANN-WENDEL, Elisabeth: Hannah Arendts Konzept von Natalität. Schöpfungsspiritualität mit gesellschaftlichen Konsequenzen, S. 13-21 in: ENZNER-PROBST/DIES. (Hg.), 2013

MÜLLER, Wolfgang Erich: Argumentationsmodelle der Ethik. Positionen philosophischer, katholischer und evangelischer Ethik, Stuttgart 2003

NAGLER, Michael: Gewaltfrei aus Prinzip. Theorie und Praxis der Gewaltfreien Aktion, S. 13-53 in: Michael NAGLER / Egon SPIEGEL: Politik ohne Gewalt. Prinzipien, Praxis und Perspektiven der Gewaltfreiheit, Münster 2008

NEUMANN, Alexander: Die Wurzeln der Arbeitskritik bei André Gorz, S. 99-109 in: KRÄMER (Hg.), 2013

OOSTERHUIS, Huub (Hg. von Cornelis Kok, aus dem Niederländischen von Frank Bestebreurtje): Alles für Alle. Ein Glaubensbuch für das 21. Jahrhundert, Ostfildern 2016/2018

PREUL, Reiner. Die soziale Gestalt des Glaubens. Aufsätze zur Kirchentheorie, Leipzig 2008

PUSCH, Toralf: Bilanz des Mindestlohns: Deutliche Lohnerhöhungen, verringerte Armut, aber auch viele Umgehungen, unter: https://www.boeckler.de/pdf/p_wsi_pb_19_2018.pdf, abgerufen am 14.6.2018

RIEGER, Jörg / HENKEL-RIEGER, Rosemarie (aus dem Amerikanischen von Sabine Plonz): Gemeinsam sind wir stärker. „Tiefe Solidarität" zwischen Glauben und Arbeit, Hamburg 2019

RIFKIN, Jeremy: Die empathische Zivilisation. Wege zu einem globalen Bewusstsein, Frankfurt/Main 2012

ROHR, Richard: Die Schöpfung als Körper Gottes, S. 253-259 in: VAUGHAN-LEE (Hg.), 2015

RÖMELT, Josef: Das Geschenk der Freiheit. Christlicher Glaube und moralische Verantwortung, Innsbruck 2011

ROSENBERG, Marshall B.: Konflikte lösen durch Gewaltfreie Kommunikation, Freiburg i.Br. 15 (2012)

RUETHER, Rosemary Radford: Gaia & Gott. Eine ökofeministische Theologie der Heilung der Erde, Luzern 1994

SAILER-PFISTER, Sonja: Theologie der Arbeit vor neuen Herausforderungen. Sozialethische Untersuchungen im Anschluss an Marie-Dominique Chenu und Dorothee Sölle, Berlin/Münster 2006

SCHNEIDER, Anne & Nikolaus: Vertrauen: Was in unsicheren Zeiten wirklich trägt, Asslar 2013

SCHRUPP, Antje: Zum 100. Geburtstag von Simone Weil, 9 Seiten (Vortrag am 6.1.2009 im Evangelischen Frauenbegegnungszentrum Frankfurt und am 15.10.2009 im „Haus der Frau" in Linz), unter: http://www.antjeschrupp.de/simone-weil, abgerufen am 18.05.2019

SÖLLE, Dorothee: Leiden. Annehmen und widerstehen, Stuttgart/Hamburg 1973/2018

SOROS, George: Die offene Gesellschaft. Für eine Reform des globalen Kapitalismus, Berlin 2001

STRACK, Hanna: Mitschöpferin sein. Geburt als schöpferischer Prozess und ihre Bedeutung für eine Neukonzeption von Schöpfungsspiritualität, S. 124-142 in: ENZNER-PROBST/ MOLTMANN-WENDEL (Hg.), 2013

STRASSER, Johano: Gesellschaft in Angst: Zwischen Sicherheitswahn und Freiheit, Bonn 2013

THOMPSON, Marjorie (aus dem Amerikanischen von Bernardin Schellenberger): Christliche Spiritualität entdecken: Einübung in ein bewusstes Leben, Freiburg i.Br. 1995/2004

TOBLER, Sibylle: Arbeitslose beraten unter Perspektiven der Hoffnung. Lösungsorientierte Kurzberatung in beruflichen Übergangsprozessen, Stuttgart 2004

TREMEL, Monika: Politik und Theologie bei Dorothee Sölle. Die Herausforderung der Frauenbewegung durch Carl Schmitt, Frankfurt/Main 2004

VAUGHAN-LEE, Llewellyn (Hg.): Spirituelle Ökologie, Saarbrücken 2015

VINTHAGEN, Stellan (aus dem Englischen von Ingrid von Heiseler): Eine Theorie der gewaltfreien Aktion. Wie ziviler Widerstand funktioniert, Wolfsburg 2017

WAIDELICH, Waltraud / BAUMGARTEN, Margit (Hg.): Um-Care zum Leben. Ökonomische, theologische, ethische und ökologische Aspekte von Sorgearbeit, Hamburg 2018

WARTENBERG-POTTER, Bärbel: Mit-Leidenschaft. Geistliche Mut-, Mahn- und Trost-Reden einer ökumenischen Bischöfin, Stuttgart 2010

WINK, Walter (Hg. von Thomas Nauerth und Georg Steins, übersetzt unter Mitwirkung von Anka Schneider und Anja Mehrmann): Verwandlung der Mächte. Eine Theologie der Gewaltfreiheit, Regensburg 1999/2014

WINKER, Gabriele: Care Revolution. Schritte in eine solidarische Gesellschaft, Bielefeld 2015

WÜSTENBERG, R. K.: Bonhoeffer „revisted". Zur Bedeutung der „nichtreligiösen" Interpretation im 21. Jahrhundert, Sp. 129-140 in: Theologische Literaturzeitung Februar 2006

DERS.: Eine Theologie des Lebens. Dietrich Bonhoeffers „nichtreligiöse Interpretation" biblischer Begriffe, Leipzig 2006b

ZIMMERMANN, Ruben: Von der Schönheit des Verzichts. Eine Ethik der Freiwilligkeit und Flexibilität kann die Welt verändern, S. 47-49 in: zeitzeichen 8/2018

ZSCHOCKE, Anne Katharina: EM. Die effektiven Mikroorganismen. Bakterien als Ursprung und Wegweiser alles Lebendigen, Aarau und München 2012

ANMERKUNGEN

1) Siehe weitere Hintergrundinformationen dazu bei Uri Avnery (aus dem Englischen von Ingrid von Heiseler): Wer zum Teufel sind wir?, S. 13-15 in: Rundbrief #100 Lebenshaus Schwäbische Alb; Michael Schmid: Kritik an israelischer Besatzungspolitik zum Schweigen bringen – Teil 2; S. 9 in: Rundbrief #101 Lebenshaus Schwäbische Alb. Pax Christi-Diözesanverband Rottenburg-Stuttgart fordert die DIG auf, zu demokratischen Spielregeln zurückzukehren (26.03.2019), S. 9-10 in: Rundbrief #101 Lebenshaus Schwäbische Alb; Offener Brief an die Leitung der Evangelischen Kirche in Deutschland, 3 Seiten (Berlin, 5.06.2019) – unterschrieben auch von Andreas Zumach unter: https://www.lebenshaus-alb.de/magazin/012336.html; Offener Brief von Andreas Zumach an Dekan Thomas Schalla anlässlich der Veranstaltung am 3. Juni 2019 im Karlsruher Tollhaus zu Israel/Palästina, 6 Seiten unter: https://www.lebenshaus-alb.de/magazin/012333.html; Erklärung des ÖRK Exekutivauschusses: Ökumenisches Begleitprogramm für einen gerechten Frieden in Palästina und Israel, 3 Seiten (27.05.2019) unter: https://www.oikoumene.org/de/press-centre/news/Resources/documents/executive-committee-statement-ecumenical-... (abgerufen am 17.06.2019).

2) Weil ausführlich in der vorangegangenen Anmerkung auf die Israel/Palästina-Problematik eingegangen wurde, sei auf zwei Ökodörfer hingewiesen, wo religionslose Religion in diesem Kontext einen guten Anfang nimmt: Der Kibbuz Lotan (Israel) und die Hakoitna-Farm (Palästina) – vgl. S. 160ff. in: Kosha Anja Joubert/Leila Dregger: Ökodörfer weltweit. Lokale Lösungen für globale Probleme, Saarbrücken 2015.

3) Vgl. Andreas Benks Kritik an der Lesart Jesu durch Papst Benedikt und die dadurch erfolgende theologische Einzwängung exegetischer Befunde (vgl. ders., 2016, 147f.).

4) Siehe den Hinweis bei R.K. Wüstenberg, dass es für Bonhoeffer beim religionslosen Menschen darum geht, nicht den Blick für den sündhaften Menschen zu schärfen, sondern für den „mündigen" (vgl. ders., 2006b, 78).

5) Jon Sobrino ist auf dem Weg, in diese Richtung Theologie zu betreiben (vgl. Leidinger, 2018, 109-166). Und Dorothee Sölle zeigt in ihren Ausführungen, dass die „Würde" menschlichen Leidens „nach" Christus nicht entfallen darf (vgl. dies., 1973/2018, 152).

6) https://www.bayern-evangelisch.de/wir-ueber-uns/empathie-und-wachsamkeit.php (abgerufen am 1.1.2019).
https://www.sonntagsblatt.de/artikel/kultur/ethik-der-einfuehlung-ethik-von-unten (abgerufen am 1.1.2019).

7) Mierzwa, 2018b, 15f.

8) Zuerst veröffentlicht in Mierzwa, 2019, 11f.

9) Dies schreibe ich, auch wenn ich die berechtigten kritischen Anmerkungen zum fehlenden ökologischen Bewusstsein bei (römisch-katholischen, konservativ-orthodoxen und evangelikalen) Christen durch Richard Rohr (2015, 256f.) vor Augen habe. Die christlichen Kirchen seien mehr katholische, orthodoxe und protestantische Privatclubs, die nicht in Gemeinschaft mit Gottes Schöpfung leben würden, so Rohr.

10) Es ist das Verdienst von R. R. Ruether (1994, 259-265), das Geburtsmotiv für die theologische Rede wiedergewonnen zu haben. Das Geburtsmotiv vertiefen Enzner-Probst (2013, 30ff.) und Strack (2013).

11) Vgl. dazu die Rede von Alt-Bischöfin Bärbel Wartenberg-Potter zum Thema: „Was sehen Sie, Frau Lot? Gewalt gegen Frauen und Mädchen" (vgl. dies., 2010, 130-135).

12) Den Impuls für diese These gab Jonas Mierzwa, v.a. mit der Beachtung des Resilienzaspektes. Für diese These erfolgten Beratungen mit Diakonisse Sr. Christiane Johannsen.

13) Kress, 1999; Link-Wieczorek, 2004; Jörns, 2013; Sölle, 1973/2018.

14) Gewaltfreies Verhalten ist auch für ethisches Verhalten bedeutsam: „Bezogen auf Eigentums- und Gewaltdelikte zeigt Raithel (2003), dass Jugendliche mit einer höheren Delinquenzrate eine gewaltsamere Erziehung erfahren haben *und* in ihrer Werthaltung eher hedonistisch und weniger konservativ sind" (Feige/Gennerich, 2008, 132f.). Die Untersuchung von Feige/Gennerich bei Berufsschülern und -schülerinnen (vgl. S. 133) scheint von der Tendenz her diese Einsicht zu bestätigen.